POSITIVE AFFECT TREATMENT FOR DEPRESSION AND ANXIETY

不安とうつへの
ポジティブ感情
トリートメント

Workbook
ワークブック

Alicia E. Meuret, Halina J. Dour,
Amanda G. Loerinc Guinyard, Michelle G. Craske
A. E. ミューレ, H. J. ドゥール,
A. G. L. ギニアード, M. G. クラスク　著

Shin-ichi Suzuki, Masaya Ito
鈴木伸一／伊藤正哉　監訳

北大路書房

Positive Affect Treatment for Depression and Anxiety: Workbook
by Alicia E. Meuret, Halina J. Dour, Amanda G. Loerinc Guinyard, Michelle G. Craske
© Oxford University Press 2022

"Positive Affect Treatment for Depression and Anxiety: Workbook" was originally published in English in year of publication 2022. This translation is published by arrangement with Oxford University Press. Kitaohji Shobo is solely responsible for this translation from the original work and Oxford University Press shall have no liability for any errors, omissions or inaccuracies or ambiguities in such translation or for any losses caused by reliance thereon.

『不安とうつへのポジティブ感情トリートメント：ワークブック』は，当初 2022 年に英語で出版されました。この翻訳は，オックスフォード大学出版局との取り決めにより出版されたものです。北大路書房は，原著作物からのこの翻訳について単独で責任を負い，オックスフォード大学出版局は，当該翻訳における誤り，脱落，不正確さ，または曖昧さ，またはこれに依拠することによって生じた損失について責任を負わないものとします。

ワークブック　日本語版の読者のみなさまへ

　ポジティブ感情トリートメント（Positive Affect Treatment）は，何もする気が起きず，日々の生活に楽しさや喜びを感じるのが難しいかたのためのプログラムです。このワークブックでは，ボジティブな出来事や活動を楽しみに思い描き，瞬間の充足感や心地よさを最大限にあじわい，どのような行動が心地よさにつながるかを学ぶ力を培うエクササイズを紹介していきます。くり返して練習することで，物事に取り組むやる気がもてて，人生の喜びを見いだせるようになっていきます。

ミシェル・クラスク

監訳者まえがき

なんとかしたいけど，なにもしたくない……
気力がなくて，意欲もなくて，ただただ，つらい。
楽しいはずのことが楽しめず，お気に入りの料理もおいしくない。
人生で，素敵なものがなくなってしまったかのよう……
生活のなかで，なにを喜びにしていたかも，わからなくなった。
自分はこんなにネガティブな人間だったのか……

このような思いを抱えておられるかたには，
ポジティブな感情を整えるためにつくられた本書がお役に立てるかもしれません。

ポジティブになれないときは，誰にでもあります。
それが続いて，うつや不安，ネガティブな感情で心がうもれることもあります。
自分の性格がネガティブで，人生にはなにもいいことがない。
そう思うこともあるかもしれません。

そう思うことがあっても，大丈夫です。

ひとの心がポジティブになれなくなる仕組みが，すこしずつわかってきました。
脳神経科学，認知行動療法，ポジティブ心理学，そして，東洋的な実践。
各領域の知見を踏まえ，本書，ポジティブ感情トリートメントが開発されました。
Positive Affect Treatment を略して，PAT（ぱっと）と呼びます。

"ポジティブ" という言葉はきらきらしたイメージで，
ちょっとまぶしすぎるような，そんな抵抗を感じるかもしれません。
そうであっても，大丈夫。
PATでは，ささやかな，ちょっとした，そんなここちよさも大事にしています。
いまの自分であじわえる，受けとめられる，そんなよろこびから，はじめます。

ポジティブになる。
それは，性格を変えるような，大きなことに感じるかもしれません。
でも，そんなことはありません。

ポジティブは，ちょっとしたことの積み重ねでできています。

iii

気づく，目を向ける，計画する，試す，あじわう，ふり返る，書きとめる。
ひとつひとつを練習すると，いつの間にか，人生が変わっていきます。

うれしい，たのしい，いとおしい，ゆったり，のんびり，ほがらか。
豊かな素敵さが，あなたのもとにありますように。
そう願って，本書をお届けいたします。

訳者を代表して

伊藤　正哉

This preface is provided by Kitaohji Shobo and is not a translation of all or part of "Positive Affect Treatment for Depression and Anxiety: Workbook" as it was originally published in the English language by Oxford University Press. The inclusion of this material does not imply a representation or endorsement of any kind by Oxford University Press who shall not be responsible for its content nor for any errors, omissions or inaccuracies therein.

この序文は，北大路書房によって提供されるものであり，オックスフォード大学出版局によって英語で出版された『不安とうつへのポジティブ感情トリートメント：ワークブック』の全部または一部の翻訳ではありません。この資料の掲載は，オックスフォード大学出版局によるいかなる種類の表明または保証を意味するものではなく，オックスフォード大学出版局はその内容，およびそこに含まれる誤り，脱落，不正確さについて責任を負わないものとします。

目　次

ワークブック　日本語版の読者のみなさまへ　i
監訳者まえがき　iii

モジュール1　PATを知る

第1章　ポジティブになれない　⋯⋯⋯⋯⋯⋯⋯⋯⋯⋯⋯⋯⋯⋯⋯⋯⋯　2

事例：ジョイとフェリックス　2
アンヘドニア（ポジティブ感情の持続的な低さ）とは？　4
アンヘドニアによって生じること　5
PATについての科学知見　8
アンヘドニアと関連する精神疾患　9

第2章　PATでとり組むこと　⋯⋯⋯⋯⋯⋯⋯⋯⋯⋯⋯⋯⋯⋯⋯⋯⋯　12

PATは自分に合っている？　12
PATでとり組むこと　14
とり組む内容とその理由　14
各章の構成　18
他の治療との組み合わせ　18

第3章　さあ，はじめましょう！　⋯⋯⋯⋯⋯⋯⋯⋯⋯⋯⋯⋯⋯⋯⋯　19

最大限に活用するために　19
エクササイズ用紙の使い方　20
いつ，どれだけの期間，どのように練習するか　21
推奨されるスケジュール　22
改善したかどうかを知るには？　22

第4章　思考・行動・身体感覚の3要素 24

感情サイクルとは　24
● エクササイズ 4.1「感情サイクルに気づく」　28
下向きスパイラルと上向きスパイラル　28
感情を言葉にする（ラベリングする）　29

モジュール2　PATのスキルセット

第5章　ポジティブへと行動する 34

ポジティブへと行動する大切さ　34
日々の活動とポジティブ感情をモニタリングする　35
● エクササイズ 5.1「日々の活動とポジティブ感情の記録」　36
ポジティブな活動を計画する　36
● エクササイズ 5.2「ポジティブな活動リスト」　39
● エクササイズ 5.3「熟達感をもつことでポジティブを感じることができる
活動リスト」　39
● エクササイズ 5.4「ポジティブな活動マイリスト」　39
ポジティブな活動を実践する　44
● エクササイズ 5.5「ポジティブな活動の計画」　45
瞬間をあじわう　50
● エクササイズ 5.6「瞬間をあじわう」　51

第6章　ポジティブに目を向ける 54

ポジティブに目を向ける大切さ　54
全体像：ポジティブに目を向ける　55
銀の光を見つける　56
● エクササイズ 6.1「銀の光を見つける」　58
自分のものにする　61
● エクササイズ 6.2「自分のものにする」　63
ポジティブを思い描く　64
● エクササイズ 6.3「ポジティブを思い描く」　66
ポジティブへと行動し，ポジティブに目を向ける　69

第7章　ポジティブを積み重ねる ⋯⋯⋯⋯⋯⋯⋯⋯⋯⋯⋯⋯⋯⋯⋯⋯⋯⋯⋯ 70

ポジティブを積み重ねる大切さ　70

思いやりいつくしむ（loving-kindness）　71
　●エクササイズ 7.1「思いやりいつくしむ」　74

感謝する　78
　●エクササイズ 7.2「感謝する」　81

与える（generosity）　82
　●エクササイズ 7.3「与える」　83

誰かの幸せを喜ぶ　86
　●エクササイズ 7.4「誰かの幸せを喜ぶ」　86

全部ひっくるめて実践する：ポジティブへと行動し，目を向け，積み重ねる　90

モジュール3　PATで得られたこと／再発予防

第8章　旅を続ける ⋯⋯⋯⋯⋯⋯⋯⋯⋯⋯⋯⋯⋯⋯⋯⋯⋯⋯⋯⋯⋯⋯⋯⋯⋯ 94

進展のチェック　94
　●エクササイズ 8.1「進展のチェック」　95

実践計画　96
　●エクササイズ 8.2「長期目標」　96
　●エクササイズ 8.3「学びを維持する」　99

壁を乗り越えて実践を続けていく　99
　●エクササイズ 8.4「壁を乗り越えていく」　101

再燃と再発の違い　102

追加の専門支援を求めるタイミング　103

最後の励ましの言葉　104

うつ病や不安症の人のための関連資料　104

索引　105

モジュール 1

PAT を知る

第 1 章

ポジティブになれない

事例：ジョイとフェリックス
アンヘドニア（ポジティブ感情の持続的低さ）とは？
アンヘドニアによって生じること
PATについての科学知見
アンヘドニアと関連する精神障害

事例：ジョイとフェリックス

ジョイとの出会い……

　ジョイは53歳の弁護士で，18年連れ添った夫と10代の子ども2人と暮らしています。この5年間，彼女はますます落ち込み，イライラし，疲れ果てていました。以前は人をもてなすのがすきでしたが，友人と会いたいとも思わなくなりました。予定を断り，電話にも出なくなりました。夫や子どもたちと交わるのも避けるようになりました。そういう気持ちになれればいいのにと思うけれども，集まりを企画するのはもちろんのこと，友人と会ってお茶をすることさえ負担に感じられます。仕事はまだ問題にはなっていませんが，同じ仕事をこなすのに以前よりも多くの時間と労力を費やしていると感じています。新しいクライエントに会ったり，同僚とハッピーアワーを企画したりと，以前は楽しんで誇りを感じていた仕事をどんどん他の人に任せるようになっています。夫や子どもたちからは，仕事が終わると寝室に引きこもるようになったと言われます。一緒に食事を作ることに喜びを見出す代わりに，テイクアウトで済ませるようになっています。エネルギーの低下は，以前はすきだった毎日の運動をやめてから悪化しました。しばしば絶望的な気分になり，このままやる気と意欲が落ちていけば仕事を失うかもしれないと恐れています。ジョイはしばしば，「努力することに何の意味があるのだろう」，「何をやっても無駄だ」と考えます。1日3時間以上パソコンに向かい，気晴らしに適当なテレビ番組を見ていますが，気分が悪化していくだけです。さらに，どこか身体（からだ）が悪いに違いないと話して夫に安心させてもらおうとしますが，これは夫をいらだたせ，口論につながっています。

ジョイは疲れに関して徹底的に医学的検査を受けましたが，いずれも結論は出ませんでした。さらに最近，主治医からうつ病の治療を受けるよう勧められました。しばらくしてジョイは，気分の落ち込みとエネルギー不足にイライラするようになったため，心理療法を検討することに同意しました。前のように，心が踊ったり，幸せを感じられるようにと願っています。

フェリックスとの出会い……

フェリックスは26歳の無職のノンバイナリー[*1]で，ジェンダー代名詞はhe／him／his[*2]です。うつ病のために治療を探しています。物心ついたときからうつ病を患っており，何年も悩まされてきました。エネルギー不足と気分の落ち込みのため，高校や大学の授業をよく欠席していました。また，過去についてあれこれと考えるのを抑えられず，眠れないこともありました。その結果，大学を中退し，仕事を続けられなくなりました。新しい町に引っ越してからは，警備員の仕事に就きました。しかし2か月後，気分が落ち込んで仕事を休む日が増え，その後に解雇されました。やる気の低下と，「どんな仕事をしても楽しくない」といったネガティブな考えから，仕事を探すのに苦労してきました。電話でよく話をするような親しい友人が1人いましたが，話せるような面白いことが何もないと感じて電話をやめてしまいました。たまに母親とZoomでビデオ通話をします。フェリックスは新しい友人を作りたいと思っています。しかし，「落ち込んでばかりだから，誰も自分と一緒に過ごしたいとは思わないし，どうせ自分も楽しくないだろう」と考えています。

フェリックスは反すうして，「動けなく」なり，楽しい活動ができなくなっています。以前は映画鑑賞，ガーデニング，料理などを楽しんでいましたが，今はそれもできません。代わりに，アパートにこもって何時間もビデオゲームをしています。食料品店やその他の必要な用事を済ませるのもむずかしくなっています。近所を散歩することさえむずかしく感じます。どんな活動も楽しめないと感じ続けています。また新しい人に会ってわくわくしたいし，仕事も見つけたいと思っています。しかし，問題があまりに大きく感じられて，解決の糸口さえ見えなくなっています。

ジョイやフェリックスと一緒にポジティブ感情トリートメント（Positive Affect Treatment: PAT; パット）[*3]を学んでいきましょう。

---

*1 ノンバイナリーとは，性自認（自身が認識している性）において，男性・女性という性別のどちらにも当てはめないという考え方です。
*2 ジェンダー代名詞とは，本人を呼ぶ際に使ってほしい代名詞になります。フェリックスはノンバイナリーですが，男性を表す代名詞で呼んでほしいことを意味します。

モジュール1 PATを知る

アンヘドニア（ポジティブ感情の持続的な低さ）とは？

　不安・うつ・ストレスを感じている人は，さまざまなネガティブ感情（怒り，イライラ，不満，悲しみ，恐怖，パニックなど）をよく経験します。また，実際に危険がないにもかかわらず，ピリピリしたり，集中力が低下したり，身を守りたい衝動に駆られるなどの身体感覚を感じることもあります。

　たくさんのネガティブ感情を体験している人は，報酬が得られるポジティブな状況でも，ポジティブ感情があまり感じられないことが多くあります。**ポジティブ感情が持続的に低いことは，アンヘドニアと呼ばれます。**このワークブックではこの用語を使います。アンヘドニア状態にある人では，ポジティブなことを楽しみにしたり，ポジティブなことがあるそのときによい心地をあじわったり，どうすればもっとポジティブな気分になれるかを学ぶのがむずかしくなります。それはまるで，ポジティブな感情を調整する心のシステムがうまく働いていないかのようです。

> アンヘドニア＝ポジティブ感情が持続的に低いこと

　感情を調整するシステムには，ポジティブとネガティブの2種類があります。ポジティブ感情システムは，報酬系や欲求系と呼ばれることもあります。

1. ポジティブ感情システムは，興奮・喜び・愛情・幸福・満足といったポジティブな感情をつかさどります。目標を達成し，報酬を得ようとする原動力となります。
2. ポジティブ感情システムは，友人と交流して笑ったり，褒められたり，自分にとって重要な仕事を成しとげようと懸命に働いたりするときに，私たちを導いてくれるシステムでもあります。ポジティブ感情システムがエネルギーを生み出し，努力したり，やる気が起きたり，興味を抱いたり，ポジティブな結果を想像したりできるようになります。それによって，興味が引きつけられ，目標が達成されたときには誇らしい気持ちになります。欲求系とも呼ばれます。

　アンヘドニアは，ポジティブ感情システムに問題がある場合に生じます。

　ポジティブ感情システムには3つの側面があります。それは，ポジティブな体験を（1）もとめる，（2）あじわう，（3）まなぶ，という側面です。ポジティブな結果を得ることへの予想や動機づけ（これを「**もとめる**（*wanting*）」と呼びます）は，将来のポジティブな経験にとり組むための興味・想像力・努力を駆り立てます（例えば，友人と楽しい時間を過ごすことを期待して，集まりにふさわしいお店を探すことに労力を割くなどです）。報酬を「**あじわう**（*liking*）」

　＊3　Positive Affect Treatmentをポジティブ感情トリートメントと訳し，本書を通してPATと略しています。本章で説明するように，PATはアンヘドニアに関連する精神障害に適用できますが，医療的な治療としてだけでなく，早期のケア，幅広い予防，健康やウェルビーイングの増進にも期待できます。つまり，"Treatment"には「治療」という意味だけでなく，より幅広く，感情のトリートメント（丁寧にケアして取り扱って整える）という意味合いが含まれています。

ことで，1つ1つの瞬間にある快い感覚が駆り立てられます（例えば，友人と楽しい時間を過ごしているときによい気分になること，そしてその後も，楽しかった時間をふり返ってよい気分になるなどです）。それは，ポジティブなことに気づき，じっくりと吟味して感謝することにもつながります。ポジティブな結果を得る方法を「**まなぶ**（*learning*）」ことは，将来もポジティブ感情を感じ続ける助けとなります（例えば，友人に声をかければ，それに応えてくれる可能性が高いことを学ぶなどです）。このワークブックに書かれている心理療法はこれらの3側面，ポジティブな経験を「もとめる」，「あじわう」，「まなぶ」のすべてを扱っています。

ネガティブ感情システムもまた，私たちのウェルビーイングの核心にあります。それは罰や脅威を避けようとする原動力となります。そのため，批判されたり，直接的に脅威にさらされたり，恐ろしいニュースを聞いたりといった困った状況に直面すると，ネガティブ感情システムが活性化します。そして，それは危険に反応できるように身体に燃料を供給して，警戒させ，危険に注意を向けさせ，戦うか逃げるか凍りつくか（何もしないことが身を守ることになる場合もあります）の準備をさせます。これが防衛システムとも呼ばれる理由です。これが恐怖・パニック・苦悩・不安・怒り・悲しみといったネガティブ感情を生み出します。

ポジティブ感情システムとネガティブ感情システムは，私たちの生存に不可欠です。目標を達成し満足感と幸福感を得るために必要なシステムと，危険から身を守るために必要なシステムです。私たちは，生活の中でこの2つのシステムの間で絶えずバランスをとっています。手を伸ばし，探求し，喜びを見出すべきときなのか，身を守り防衛的になるべきときなのか，その時々で必要なシステムが動いています。

ポジティブ感情システムとネガティブ感情システムはつながっていますが，それらは別個にも動きます。つまり，ネガティブ感情がなくてポジティブ感情だけ抱くこともあります。例えば，思いがけずにプレゼントをもらったときに，もらう価値などないとネガティブに思ったりせずに，ただただ喜びを感じることもあるでしょう。また，ポジティブ感情がなくて，強いネガティブ感情だけ抱くこともあります。例えば，愛すべき人を喪失した後で悲しみを感じることがそうです。また，ポジティブ感情とネガティブ感情を同時に感じることもあります。例えば，人が集まるようなイベントで賞を受賞したときのスリルと興奮には，受賞スピーチをうまくできるかという恐れと不安が混ざりますし，風呂に入ることへの喜びには罪悪感が混ざるかもしれません。

アンヘドニアによって生じること

幸福感・うまくとり組めているという感覚（熟達感）[*4]・興味・誇りなどのポジティブ感情を感じられないことは誰にでもあります。しかし，ポジティブ感情が低い状態が続くと，私たちの

　＊4　本書ではsense of masteryを熟達感と訳しています。習いごとやスポーツや勉強のように，何かにとり組んでそのやり方を身につけ，少しずつ習熟していくことで，「できている」「マスターしている」と自信をもって感じられるような感覚を指します。

ウェルビーイングに悪影響を及ぼすことが研究で明らかになっています。ポジティブ感情システムから意欲が欠落すると，生産性や人との関わりを維持することがむずかしくなります。以前は報酬になったりポジティブな活動だったものを楽しめなくなると，意欲や動機づけはさらに低下します。アンヘドニア状態にある人は，目的の喪失や絶望感を経験することがあります。時には，人生を終わらせたいという思いが強くなることがあります。

前述したように，アンヘドニア状態にある人は，ポジティブ感情システムの3側面（ポジティブな経験を「もとめる」，「あじわう」，「まなぶ」）のいずれか，あるいはすべてに困難を経験します。

「もとめる」ことのむずかしさ

アンヘドニアは，ポジティブな結果や報酬を得ることへの**興味・動機づけ・行動力の低下**[*5]につながることが，科学的に示されつつあります。例えば，食べ物，身体的な快適さ，社会的な賞賛，感情的なつながり，人生において価値がある成果などに対する関心や努力が低下します。日常生活では，夕食の準備をしたり，人と交わるために身だしなみを整えたり，職場での昇進に向けて働くことに，とても苦労するようになります。その結果，アンヘドニア状態にある人は，気持ちの安定やウェルビーイングに欠かせない報酬を得る機会を多く逃してしまいます。人生において重要なことをする意欲を高めるためには，報酬を受けていると感じることが必要であり，そのような感情がなければ，続ける意欲はほとんどわいてきません。動機づけの低下は，**将来のポジティブな出来事を想像できなくなること**と直結しています。何がポジティブな感情や結果につながるのかがわからなければ，何が起こるのかを想像することがむずかしくなります。

「あじわう」ことのむずかしさ

アンヘドニアは注意にも影響します。アンヘドニア状態にある人は，日々の生活の中で**ポジティブなことに気づきにくく**なります。ストレスを感じているときにも，そうなります。ストレスフルな出来事は通常，人をよりネガティブに，不安に，心配にさせるものですが（ネガティブな防衛システムが働いているからです），ポジティブなことを見つけることで，ストレスの原因からの回復が大いに助けられます。例えば，雨が降っているときに空気や土の新鮮な匂いに気づくことがあります。困難な状況であっても，ポジティブなことを見つけられれば，ストレスからの回復はより早くなります。しかし，アンヘドニアになると，ポジティブなことに気づいたり，感謝したり，ポジティブ感情を感じたりすることがとてもむずかしくなります。アンヘドニアのある人は，ポジティブな（あるいは中立的な）状況でもネガティブなことばかりに目を向けてしまいます。例えば，アンヘドニアのある人は，フードドライブでクッキーがすべ[*6]てなくなったことを，成功のしるしではなく，失敗のしるしとして認識するかもしれません。[*7]ポ

　＊5　「動機づけ」とは，行動を起こすことへの意欲，やる気，モチベーションのことを指します。
　＊6　余った食べ物を寄付する行為のこと。

ジティブな状況でも，ニュートラルな状況でも，ネガティブな状況でも，ポジティブなことを認識できない状態が続くと，とり組み続けようという動機づけが低下します。アンヘドニア状態にある人がポジティブなことに気づいても，それをしっかり認識して感謝したり，それに対してポジティブ感情を感じたりすることに苦労します。例えば，子どもと球技大会に行くのがもはや楽しいと思えなくなったり，釣りをするのがリラックスできることだと思えなくなったり，工作をするのが楽しいと思えなくなったりします。**ポジティブなことを認めて感謝したり，ポジティブ感情を感じたりすることがむずかしくなる**のも，アンヘドニアの症状です。

「まなぶ」ことのむずかしさ

アンヘドニアでは報酬を経験しようとする意欲が低下しているため，**ポジティブな結果につながりそうなことを学習しづらくなります**。例えば，アンヘドニア状態にある人は，他の人と関わる状況でつながりや支えられていることを感じるために，何を話し，どう行動すればよいのかわからなくなります。あるいは，同僚にほほえみかけることが職場の人間関係をよくし，昇進につながる可能性があることに気づけなくなるかもしれません。

これらをまとめると，アンヘドニア（または持続的にポジティブ感情が低いこと）は，ポジティブな結果や報酬を得ることを想像して努力すること（もとめる），ポジティブなことが起こったときにそれに気づいて認めて感謝すること（あじわう），これら2つの間のつながりを学習すること（まなぶ）の3側面でむずかしくなります。冒頭で紹介したジョイの場合，過去に運動することがすきでしたが，やったら楽しいだろうと想像できなくなったり，やってみても楽しめなかったりして，運動習慣がなくなっていきました。

> アンヘドニアは，報酬をもとめる（動機づけ，努力，想像，興味），あじわう（気づく，感謝する，ポジティブ感情を感じる），まなぶ（ポジティブな結果を得る方法を理解する）に影響する。

アンヘドニアは，ポジティブ感情を感じるために必要な神経系の活性化を低下させます。また，報酬の重要性を理解する脳部位の活性化も低下させ，**ポジティブな気分の低下**につながります。アンヘドニアは，計画・意思決定・記憶・集中力などの実行機能を損なう可能性があることが研究で示唆されています。つまり，アンヘドニア状態にある人は，報酬が得られることをしようという意欲がわかないだけでなく，必要な手順を思い出したり，計画を立てたり，集中したりすることもむずかしくなります。

例えば，ジョイは家族の夕食を作るために食料を買いに行く意欲がわかないだけでなく，どの店に行くか，何を買うかを決めるのもむずかしいかもしれません。あるいは，店に行っても，わくわく感がないため，計画を実行するのがむずかしいの

---

*7 フードドライブに持ち寄ったクッキーがすべてなくなることはフードロスの観点からはよいことですが，もっとクッキーをもって来たほうがよかったかもと後悔する人もいるかもしれません。

*8 実行機能とは，さまざまな要素を踏まえながら見通しや計画を立てたり，計算したり問題を解こうとしたり，複雑な物事を処理してどうすべきかを判断するときに必要とされる，司令塔のような脳の働きを意味します。

モジュール1　PATを知る

欠けている領域	報酬系	
・ポジティブな活動にとり組む動機づけ ・ポジティブな活動にエフォート（労力）を費やす ・ポジティブな結果を想像する ・ポジティブなことに興味をもつ	・報酬への動機づけ ・報酬の予期	 もとめる
・ポジティブなことに気づく ・ポジティブなものをあじわう ・ポジティブ感情を感じる	・報酬獲得	 あじわう
・何が報酬につながるかを学習する ・いかに報酬を得るかを学習する	・報酬学習	まなぶ

図1.1　報酬系の一部と関連するアンヘドニアの欠損

かもしれません。

　図1.1は，本章で紹介する核となる用語をまとめたものです。図1.1には，「もとめる」，「あじわう」，「まなぶ」の問題を表すイラストも含まれています。このイラストはワークブック全体を通して使用していて，どの報酬を標的にしているかを示しています。

　図1.1のイラストを説明するために，友人と夕食をとる例を取り上げましょう。友人と出かけることを「もとめる」人は，友人と夕食を食べて楽しい夜になるだろうという結果を想像して準備をするでしょう。夕食のときには，その瞬間を「あじわい」，食事と仲間を楽しみます。喜び，つながり，感謝といったポジティブな感情に気づきます。友人と出かけることを想像すること，友人との外食を計画するステップを踏むこと，友人に会うこと，ポジティブ感情を感じることの間の関連を「まなぶ」でしょう。このような関連を学ぶことで，将来，さらに友人と一緒に出かけることができるようになるでしょう。

　アンヘドニア状態にある人は，必ずしも3側面すべてに問題があるわけではありません。「もとめる」ことだけに困難を感じることもあるかもしれません。例えば，ジョイは友人と電話をするのは負担が重いと想像しているかもしれませんが，電話をした後は楽しいと感じています。このような場合，まず「もとめる」を標的にしたスキルに焦点を当てるとよさそうです。

　PATでどの側面を標的としているかは，イラストで示していきます。第2章ではPATでお伝えするスキルと，各側面の概要を説明します。

PATについての科学知見

　これまで，不安やうつに対する標準的な心理療法・薬物療法では，アンヘドニアに対する効果が限られていました。これらの治療はネガティブ感情を減少させることには成功しましたが，アンヘドニア状態にある人のほとんどは，治療終了後もポジティブな活動に対する興味や喜び

第1章　ポジティブになれない

の欠如を報告し続けていました。このような状況が生じたのは，これまでの心理学的治療のほとんどが，ポジティブ感情の改善に焦点を当てることなく，ネガティブ感情の軽減に焦点を当てていたためだと考えられます。これは，ポジティブ感情を向上させる科学知見が少ないことも一因となっています。

行動科学と生物学の最新の知見から，アンヘドニアに関与する具体的なプロセスが明らかになってきました。私たちは，**ポジティブ感情トリートメント（PAT）**という新しい心理療法を開発しました（このワークブックがまさにそれです）。PATは，報酬を「もとめる」，「あじわう」，「まなぶ」ことに標的を当てます。[*9]

感情症に対する多くのエビデンスに基づいた治療と同様に，PATも認知行動アプローチをとっています。このアプローチでは，自分の感じ方を変えるために，自分の行動と思考（認知）にとり組みます。このアプローチは，「**何をするのか（行動）**」や「**どのように考えるのか（思考）**」が，「**どのように感じるのか（感情）**」に直接影響するという科学と理論に基づいています。認知行動療法は不安症・うつ病・摂食症・サイコーシス・慢性疼痛・物質関連症・睡眠など，多くの精神疾患や状態に有効であることが科学的に示されています。今や，アンヘドニアもこのリストに加えることができると考えられます。

このワークブックで学ぶスキルは，エビデンスに基づいています。つまり，ランダム化比較試験で検証され，不安・ストレス・うつ・アンヘドニアを経験している人のポジティブ感情を改善することが示されています。私たちの最新の研究では，このワークブックに含まれるスキルは，ネガティブ感情を減らすことに焦点を当てた認知行動療法よりも，ポジティブ感情を増やすことに成功していることがわかりました。ポジティブ感情を測る尺度を用いたところ，PATを受けた参加者の多くはポジティブ感情が健常範囲内に収まるようになりました。注目すべきことに，PATはうつ・不安・ストレスを減少させるという点で，他の治療よりも成功していました。また，従来の認知行動療法より，自殺傾向も減少させました。[*10]

アンヘドニアと関連する精神疾患

アンヘドニアは精神疾患の大部分に共通してみられます。例えば，私たちの研究では，アンヘドニアに悩む人のほとんどが不安症またはうつ病の診断基準も満たしていました。例えば，全般不安症，社交不安症，パニック症，強迫症，心的外傷後ストレス症などです。また，うつ病もポジティブ感情の低下を特徴とする障害です。

＊9　PATでは，感情を表す語であるaffect, emotion, feeling, moodはそれぞれほぼ同じ意味をもつ言葉として使われています。なお，それぞれの英語に対する日本語訳は，心理学で必ずしも定訳があるわけではありません。

＊10　Craske, M. G., Meuret, A. E., Ritz, T., Rosenfield, D., Treanor, M., & Dour, H. (2019). Positive Affect Treatment for Depression and Anxiety: A randomized clinical trial for a core feature of anhedonia. *Journal of Consulting and Clinical Psychology*, *87*, 457–471.

9

全般不安症

　全般不安症の人は，さまざまな異なる話題（例えば，自分自身の健康，家族の健康，金銭面，時間を守ること，将来の成功）について心配します。一般的に，この心配は現実とは不釣り合いであり，未来志向であり，物事がうまくいっていても存在します。全般不安症の人は1日の大半を心配して過ごし，心配を止めたり，コントロールすることがむずかしくなっています。心配を減らそうとするために，頻繁に愛する人に確認したり，先延ばしにしたり，インターネットで過剰に検索したりする行動をとります。

社交不安症

　社交不安症の人は，自分が観察されたり，判断されたり，評価されたりするような，他者のいる状況において不安を経験します。この不安を軽減または回避するために，パーティー，会議，就職面接，人前で話す約束，デートなどの社交的な集まりや行事から遠ざかることがあります。この回避は短期的には不安を軽減しますが，長期的には社交不安を維持します。

パニック症

　パニック症の人は，パニック発作を経験します。パニック発作は，身体感覚（発汗，心臓の高鳴り，動悸，めまい，息切れ，ふらつき，身震いや振戦，息苦しさ，胸痛，しびれ，吐き気，寒気，ほてりなど）を伴う突然の強い恐怖の高まりのことです。パニック症の人は，身体感覚を非常に苦痛に感じるため，パニック発作を起こす可能性のあるあらゆることを避けます。カフェインを含む飲料を飲むこと，人混みに行くこと，公共交通機関を利用すること，運動すること，広い場所にいることなどの活動を避けることがあります。

強迫症

　強迫症の人には，しばしば苦痛を伴う侵入思考（強迫観念）があります（例えば，暴力的なイメージ，ある数字に意味があると思い込むなど）。侵入思考に関連した苦痛を軽減するために，日常生活に支障をきたし，時間のかかる行動（強迫行為）をとることが多くあります（例えば，イメージが消えるまで繰り返しあるフレーズを口にする，棚の5番目の商品だけを選ぶなど）。強迫行為の例としては，頻繁に手を洗う，何度も鍵をチェックする，過剰な整理整頓などがあります。

心的外傷後ストレス症

　トラウマティックな出来事を経験した人の中には，心的外傷後ストレス症（PTSD）を発症

第1章　ポジティブになれない

する人がいます。トラウマティックな出来事の例としては，暴行，戦争，ひどい交通事故，虐待などがあります。心的外傷後ストレス症の症状には，出来事の苦痛で侵入的な記憶，悪夢，フラッシュバック，過覚醒，生理的覚醒の増大などがあります。心的外傷後ストレス症の人はまた，トラウマを思い出させるような人，場所，活動を避け，常に出口の近くに座るなどの安全行動をとることもあります。

抑うつ症群（うつ病，持続性抑うつ症）

うつ病の人は，しばしば気分が落ち込んだり，悲しくなったり，かつては楽しんでいた活動に対する興味や喜びを失っていたりします。気力の低下，絶望感，食欲の変化，睡眠過多または不足，無価値感，イライラなどを経験することが多くあります。うつ病患者にとって活動に参加することは困難であり，その結果，社会的に孤立したり，ベッドで過ごしたり，予定をキャンセルしたりすることになります。

その他の疾患

薬物関連症，精神病性の臨床症状（例えば，統合失調症），双極症も一般的にアンヘドニアと関連しています。また，精神疾患の診断基準を満たさなくても，アンヘドニアがみられることもあります。

11

第2章

PAT でとり組むこと

PAT は自分に合っている？

PAT でとり組むこと

とり組む内容とその理由

各章の構成

他の治療との組み合わせ

PATは自分に合っている？

　多くの心理療法があるので，どれが自分に合っているかを判断するのはむずかしいかもしれません。それぞれのセラピーには，対象とする症状や学ぶべきスキルがあります。PATでは気分の落ち込みを標的にしたさまざまなスキルを学びます。PATが自分に合っているかを判断するために，エクササイズ2.1「PATとの相性チェック」が役立ちます。エクササイズ用紙はすべて本書からコピーするか，https://www.kitaohji.com/news/n59473.html から必要分をダウンロードすることができます。

　質問のほとんどに「はい」と答えた人には，PATが役に立つでしょう。PATは誇らしさ・興奮・喜び・興味関心・愉快・充足感といったポジティブ感情を頻繁に，多様に，強く体験できるように作られています。

　PATとの相性を判断するだけでなく，**今**の自分に合っているかを問うことも大切です。エクササイズ2.2は，PATをはじめるタイミングを判断するのに役立ちます。

　それぞれに「はい」と答えた人は，PATをはじめる準備ができています！　ここからは，PATの次のステップの説明へと進みます。ただし，他の症状や優先すべき状態（自殺念慮，統合失調症に関連した症状，躁，物質乱用など）がある場合は，医療機関でそれらの治療を受けることが重要です。適切な医療機関を見つけるには，かかりつけ医や専門相談機関に予約をとって，[*1] これらの症状について尋ね，必要なら専門の病院を紹介してもらうことをお勧めします。**自分を傷つけたいという考えが強まったら119に電話するか，最寄りの救急病院を受診して，すぐに治療を受けることが重要です。**

エクササイズ 2.1　PATとの相性チェック

	はい	もとめる	あじわう	まなぶ	実践のためのエクササイズ
ポジティブ感情（愛，喜び，好奇心，誇らしさ，興奮など）を感じるのがむずかしいですか？	□		✓		感情に言葉を与える（ラベリングする）
日々のポジティブなことに気づくのがむずかしいですか？	□		✓	✓	銀の光を見つける
ポジティブなことを否定しがちですか？	□		✓	✓	感謝する
自分ができていることをちゃんと認めていないと言われることがありますか？	□		✓	✓	自分のものにする
よいことがあったら，自分のおかげというよりは，運のおかげにしていませんか？	□		✓	✓	自分のものにする
将来について，ポジティブなことよりもネガティブな結果を想像しやすいですか？	□	✓		✓	ポジティブを思い描く
うれしくて，楽しくなるような活動をしなくなっていませんか？	□	✓	✓	✓	ポジティブへと行動する
以前は楽しんでいたり，本当なら楽しいはずの活動で喜びを感じるのがむずかしいですか？	□		✓	✓	あじわう／与える
以前は楽しんでいた活動や，達成感につながる活動をやりたくなったり，奮い立ったりするのがむずかしいことがありますか？	□	✓			ポジティブな活動を計画する
他者とつながっている気持ち（共感，愛，思いやり）を感じるのがむずかしいですか？	□		✓	✓	誰かの幸せを喜ぶ／思いやりいつくしむ

＊1　日本であれば，住んでいる地域の保健所や精神保健福祉センターに相談できます。その他に，さまざまな相談機関については厚生労働省のウェブサイト「こころの耳」にまとめられています。https://kokoro.mhlw.go.jp/agency/

モジュール1　PATを知る

エクササイズ2.2　PATをはじめるタイミングチェック

	はい	いいえ
ほとんど毎日（少なくとも週に3回），練習課題にとり組める	□	□
PATにとり組むのにさしつかえるような他の治療を受けていない	□	□
PATよりも優先される症状（自殺念慮，統合失調症関連の症状，躁，物質乱用）が悪化していない	□	□

PATでとり組むこと

　PATは，さまざまなポジティブ感情をより頻繁に，よりしっかりと感じられるようにと開発されました。PATでお伝えするスキルはすべてそのために作られていて，その効果も研究で確認されています。図2.1は，スキルの全体像と，それぞれのスキルがポジティブ感情システムのどの部分と対応しているかを示しています。さらに，対応するモジュールや章がわかるようにしています。

　本章の残りでは，各モジュールと，それがどうしてポジティブな感情につながるかを簡単に説明します。第3章以降で，それらを1つずつ，より深く説明していきます。

とり組む内容とその理由

　PATでは，図2.1に示すモジュールを学びます。スキルセット（第5～7章）は，ポジティブ感情システムの少なくとも1つの側面を対象としていて，ポジティブな感情を体験していく助けとなります。

モジュール1：PATを知る

《第1章 ポジティブになれない》
　第1章では，アンヘドニアについて説明しました。アンヘドニアとは，ポジティブな感情が低下している状態を表す言葉です。それは，（1）以前は楽しかった活動に興味をもつこと，（2）ポジティブな活動への意欲をもち，労力をかけてとり組むこと，（3）将来の出来事をポジティブに想像すること（もとめる／wanting）がむずかしい状態を表します。また，アンヘドニアという言葉は，ポジティブなことに気づいてじっくりと認め感謝すること（あじわう／liking）がむずかしい場合にも使われます。結果として，アンヘドニアの人は，1日のなかでポジティブなうれしい活動をする時間が少なくなる傾向があります。というのも，何が報酬をもたらし，

14

モジュール	章	トピック・スキル	報酬系	もとめる	あじわう	まなぶ
1 PATを知る	第1–4章	アンヘドニアの心理教育				
		PATの概観				
		感情サイクル，感情を言葉にする	あじわう		✓	
2 PATの スキルセット	第5章： ポジティブへ と行動する	日々の活動と感情のモニタリング	まなぶ			✓
		ポジティブな活動を計画する	もとめる	✓		
		ポジティブな活動を実践する	あじわう／まなぶ		✓	✓
		瞬間をあじわう	あじわう／まなぶ		✓	✓
	第6章： ポジティブに 目を向ける	銀の光を見つける	あじわう／まなぶ		✓	✓
		自分のものにする	あじわう／まなぶ		✓	✓
		ポジティブを思い描く	もとめる／まなぶ	✓		✓
	第7章： ポジティブを 積み重ねる	思いやりいつくしむ	あじわう／まなぶ		✓	✓
		感謝する	あじわう／まなぶ		✓	✓
		与える	あじわう／まなぶ		✓	✓
		誰かの幸せを喜ぶ	あじわう／まなぶ		✓	✓
3 PATで得られた こと／再発予防	第8章： 旅を続ける	ふり返り／進展のアセスメント				
		再発予防				

図2.1　各モジュールでのスキルと章の全体像

どうやってその報酬を得るかについて学ぶのがむずかしくなっているからです（まなぶ／learning）。スキルセットは，こうしたむずかしさのそれぞれを標的として作られています。

《第2章：PATでとり組むこと》
　第2章では，PATがどう作用するかを説明します（本章のことです）。

《第3章：さあ，はじめましょう！》
　第3章では，エクササイズ用紙の使い方，次のセッションまでの課題，推奨されるスケジュー

ル，時間を追った症状の記録など，PATを最大限に活用する方法について説明します。

《第4章：思考・行動・身体感覚の3要素》

　第4章では，ネガティブ感情と比べながら，ポジティブ感情について学びます。感情サイクルと，感情を言葉にする（ラベリングする）ことの大切さについて学びます。これらは，土台となる大切なスキルです。ラベリングは，気づいたことや感じたことを言葉で表現する能力（あじわう）を強めるのに役立ちます。これをある程度練習したら，PATの3つのスキルセットに飛び込んでいきましょう。ポジティブ感情を高める行動と思考のスキルになります。

モジュール2：PATのスキルセット

《第5章：ポジティブへと行動する》

　最初は，行動のスキルセットからはじめます。**何をするか**は，**どう感じるか**に直接影響します。**ポジティブへと行動する**ことは，効果的で確実な方法です。このモジュールは，生活の中にポジティブな活動を取り入れる（もとめる）のを助けるだけでなく，そうした活動から最大限の成果を得る（まなぶ）方法も教えてくれます。1週間のなかにより多くのポジティブな活動を取り入れられるようになり，そうしたポジティブな活動を**あじわう**（あじわう）方法を学んでいけます。

　ポジティブな活動にとり組むことと感情の改善には明らかなつながりがあることがわかっています。行動のスキルセットは，ポジティブ感情システムの3側面，あじわう，もとめる，まなぶのすべてを標的としています。よりポジティブで意味のある活動で生活を積み重ねていき，それらに気づき，認め，あじわう方法を学ぶことが目標です。また，何が報酬につながりやすいかを学びます（まなぶ）。

《第6章：ポジティブに目を向ける》

　第2のスキルセットは思考のスキルで，ポジティブなことに注意を向けることを学びます。このスキルセットは，ポジティブ感情の低い人が経験する3つの思考の罠を標的に作られています。

1.　状況のポジティブな側面を認識するのがむずかしい（スキル：**銀の光を見つける**）。
2.　うまくいったことを自分の手柄にしない（スキル：**自分のものにする**）。
3.　ポジティブな出来事を楽しみに想像することがむずかしい（スキル：**ポジティブを思い描く**）。

　銀の光を見つけるでは，さまざまな状況にあるポジティブな側面を見つけ，ポジティブに気づくよう訓練します。**自分のものにする**では，うまくいっている出来事に自分がどのように貢献しているかをしっかり認識する練習をしていきます。そうすることで，自分自身の行動が，将来のポジティブな出来事につながる青写真になっていることを理解していきます。これら3つのスキルは，日々の生活や自分の行動の中にすでにあるポジティブな面を認識できるようにな

ることを目的としています。これはとても大切です。なぜなら，すでにあるものを認めること
なしに，今そこにあるものを享受したり（あじわう），将来どのようなステップを踏むべきかを
知る（まなぶ）ことはできないからです。物事がうまくいくために自分がどんなよいことをし
ているか自覚できると，さまざまなことでそれが将来の青写真として使えるでしょう。ポジティ
ブな将来の出来事を思い描くことは，多くの人にとってむずかしいことです。想像できないの
で，将来のポジティブな結果につながるための動機づけ（意欲）や労力（努力）がわいてきま
せん。**ポジティブを思い描く**では，将来の出来事に，よりポジティブな光を当てて想像する練
習をします。練習をしていくと，脳が自然とそう働くようになっていきます。

　この3つのスキルはすべて，何がポジティブな結果につながるかを学ぶ能力を強めてくれま
す（まなぶ）。**銀の光を見つける**と**自分のものにする**は，ポジティブに気づく能力を強め（あじ
わう），**ポジティブを思い描く**は動機づけや活力を得る（もとめる）のに役立ちます。

《第7章：ポジティブを積み重ねる》

　第3のスキルセットには4つのポジティブな実践が含まれます。これらはポジティブ感情を
高めるのに効果的であることが科学と東洋哲学によって示されています。それらのスキルとは，
思いやりいつくしむ（loving-kindness），**感謝する**（gratitude），**与える**（generosity），**誰かの
幸せを喜ぶ**（appreciating joy）です。これらは人生，特に人間関係を豊かにする行動スキルと
思考スキルの組み合わせです。

　思いやりいつくしむでは，他者に向けた愛情や親しみの思いを差し出します。そうすること
で，愛・つながり・穏やかさ（serenity）といったポジティブ感情を高めます。**誰かの幸せを喜
ぶ**では，他者（例えば愛する人や世界）によいことが起こっていることを思い浮かべたときに
生じるポジティブ感情に気づき，しっかりと認めます。**感謝する**と**与える**は，誰もが知ってい
る2つのスキルです。この2つのスキルを身につけることが，自分自身の気分やウェルビーイ
ングに強い効果をもたらすことが科学的にわかっています。この4つのスキルはすべてポジティ
ブ感情システムの「あじわう」や「まなぶ」を標的としていて，他人に対してポジティブ感情
を抱いたり，その感情がどう生まれるかを学ぶ助けとなります。これらは，ポジティブな活動
や親切な行為をしていく動機づけを高め，努力を促す役にも立ちます。そして，何が報酬につ
ながり，どうそれを得るのかを学ぶのに役立ちます。

モジュール3：PATで得られたこと／再発予防

《第8章：旅を続ける》

　最後のモジュール（第8章：旅を続ける）は，PATにとり組んで得られた益をその後も維持
できるようにするためのものです。このむすびの章では，よくある壁を乗り越えていくよう支
援します。例えば，症状が再燃したり，動機づけが下がったりすることはよくあります。私た
ちは，PATが終わった後もポジティブ感情を体験していって，人生の目標を達成するための
よりよい環境を整えていってほしいと願っています。そのためには，途中で避けられない壁があ
ることを知っておいて，前もって対策できることが大切です。この最終章は，それまでに自身

が成しとげた進展をチェックして，再燃（想定内の脱線）と再発（PAT前の状態に戻ること）を区別し，いつ，どのように追加の専門支援を求めるべきかを見極めるのに役立ちます。

各章の構成

　各章では，まずスキルの概要を説明し，なぜそのスキルが大切なのか，そしてそれを裏づける科学的な根拠を説明します。そのスキルが**何であって，なぜするか**がしっかりわからなければ，スキルを実践し続けられないでしょう。PATでは実践練習が必要であり，それには時間と労力がかかります。誰しも十分な時間や労力を有しているわけではないでしょう。ですから，限られた時間をスキルの実践練習に割くことがなぜとても大切なのか，十分に理解する必要があります。

　科学的な根拠について説明した後，各スキルの紹介に移ります。スキルの実践法をお伝えし，役立つエクササイズ用紙を紹介します。すべてのエクササイズ用紙には，スキルを練習する前後のポジティブ感情を評定する質問があります。続いて，よくある壁のトラブルシューティングや，その週にとり組むホームワークが説明されます。練習の頻度も含め，できるだけ書かれてある通りに実践することをお勧めします。練習あるのみ，です。

　PATは，1人1人のニーズに柔軟に対応できるように作られています。次の章では推奨されるスケジュールと，可能な範囲での変更についてお伝えします。

他の治療との組み合わせ

　心理療法には色々な方法があります。不安やうつのために他の治療を受けている場合は，その治療を終えてからPATをはじめることをお勧めします。また，PATをはじめる場合は，別のセラピストによる同様の治療を同時に受けないことをお勧めします。同じ問題を複数のセラピストと一緒にとり組んでいると，混乱してしまいます。ですから，一度に1つだけのプログラムを行うのが最も効果的です。ただし，異なる種類のセラピー（支持的心理療法，カップル療法，家族療法など）を行う場合は，同時に行うことも可能です。PATを単独で行うか，他の治療と併用するか，何が最も理にかなっているか，医師やセラピストに相談することをお勧めします。

　不安やうつへの薬を服用している場合は，このプログラム期間中も服用を続けられます。臨床的に必要な場合を除き，PATにとり組む間は薬の量を増やしたり，新しい薬を服用したりすることはお勧めしません。薬の変更は，PATでのとり組みや，その効果を評価する際に支障をきたす可能性があるからです。

第3章

さあ，はじめましょう！

最大限に活用するために
エクササイズ用紙の使い方
いつ，どれだけの期間，どのように練習するか
推奨されるスケジュール
改善したかどうかを知るには？

最大限に活用するために

　私たちは，理論・科学・臨床経験を踏まえてPATを作りました。PATで学ぶスキル，その順番，レイアウト，構成についても同じです。例えば，定期的なホームワークの練習（特にエクササイズ用紙に記録をつけることや行動を試すこと）は治療効果につながることが，科学的にも，臨床経験からも，強く支持されています。日々の練習はとても大切で，これを念頭にエクササイズ用紙が作られています。同様に，とり組む順番も，研究から得られた証拠に基づいています。行動スキルは，最初にとり組むべきスキルとして選ばれました。これは，うつや不安にある人にとっては，初期に（思考スキルについて学ぶ前に）行動スキルを学ぶことが治療の成功に最も大きな影響を与えることが科学的に示されているためです。特に，気分が落ち込んだり不安になったりして，1週間を通して何かをすることを避けたり，やる気が起きなかったりする場合は，「ポジティブへと行動する」（第5章）からはじめるのが，最も有益である可能性が高いのです。

　しかし，生活のなかで楽しい行動をある程度できている人もいるかもしれません。その場合，**ポジティブに目を向ける**（第6章）からはじめるのがよいかもしれません。あるいは，**もとめる**（動機づけがあり，興味をもち，ポジティブな出来事を思い描くこと）に何の支障もない場合は，**あじわうとまなぶ**を促進するスキルに焦点を当てるとよいでしょう。

　家でスキルを練習することは，PATの成果を高めるために不可欠です。科学的には，心理療法中に定期的にホームワークにとり組む人は，そうでない人よりもよい結果を得ることがわかっています。PATで学ぶスキルは，他の色々なスキルと変わりません。上達を実感するには，頻繁な練習が必要です[*1]。新しいスキルを毎日練習するのが理想です。PATにかかる費用は，時間と労力（と本書の購入費）だけです。また，メンタルヘルスの専門家ととり組む場合は，その

費用がかかることでしょう。

　しかし，すべての人がPATに専念する十分な時間やエネルギーをもっているとも限りません。セラピーは一朝一夕にうまくいくものではありませんし，今すぐはじめられない理由はたくさんあります。仕事や他の予定があって，定期的なホームワークにとり組めないかもしれません。家族の危機に見舞われていて，そのための時間とエネルギーが必要な場合もあるかもしれません。時間やエネルギーが理由で専念できないのであれば，PATをはじめずに待ったほうがよいでしょう。

　セラピーにとり組む準備ができていると思えない理由として，恐怖心もあります。変化や未知のものに対して恐怖を感じるのは自然なことです。しかし，こうした恐怖を避け続けていても，なくなるどころか悪化する可能性すらあるでしょう。また，ポジティブ感情が低い人によくみられることですが，動機づけの低さもあります。（セラピストがいる場合はそのセラピストとともに）PATを1つずつ段階的に進め，気持ちを改善するスキルを学ぶことは，恐怖心や動機づけへの対処にも役立ちます。

　いつPATをはじめるにしても，最後までやりとげることが大切です。これは，とり組みはじめてすぐに気分がよくなりはじめた場合でも同じです。抗生物質と同じで，初期にどれだけ調子がよくても，全量を服用したいものです。そうすることで，PATが終わった後でも，将来避けられない困難に直面したときにも，改善を続け，その成果を維持するのに必要なスキルをすべて確実に身につけられます。

　PATは気分を改善する効果が証明されています。これを忘れないでください。PATは変わらず，ここにあります。はじめる準備ができたらいつでも，ポジティブ感情を取り戻すために必要なステップへと，あなたをいざなっていくことができます。

エクササイズ用紙の使い方

　本書には，各スキルを習得するためのエクササイズ用紙がたくさんあります。それぞれのスキルを意図した通りに練習できるよう，「エクササイズの進め方」を注意深く読んでください。練習の前後には，自分のポジティブ感情を評定します。PATは，ポジティブなことに気づき感じることが苦手な人のために特別に作られています。ポジティブ感情の変化を記録することはPATの大切な要素です。それには2つの理由があります。第1に，気分の低下に悩む人の多くは，楽しい活動（例：友人と過ごす）をしているときでさえ，ポジティブ感情を感じるのがむずかしいと報告します。そのため，ポジティブ感情のわずかな改善にも気づけるように訓練することは，その体験を深めていくための大切なステップなのです。気分の小さな改善を追っていくことで，その変化に伴うポジティブ感情，身体感覚，思考の小さな変化に気づく訓練になり，ポジティブな感情体験を深めていくことができます。第2に，さまざまな活動の前後で自

　＊1　スポーツや楽器の演奏など，何らかの習いごとを思い浮かべていただくとよいでしょう。PATも1つの習いごとだととらえて，練習を重ねることが大切です。

分のポジティブ感情を追跡することで，どの活動が感情の改善に結びつくかを学べます。これにより，ポジティブな結果を得るための行動や方法についての学びが強められ，今後それらの活動にとり組む動機づけが高まります。このような理由から，活動の前後にポジティブ感情を0（最低）から10（最高）までの数値で評価していきます。

いつ，どれだけの期間，どのように練習するか

　各スキルは，推奨される期間において（例えば1週間），毎日（通常1日1エクササイズ）練習します。たとえそのスキルが簡単すぎるように思えても，推奨通りに練習しましょう。この練習量は，ほとんどの人にとって十分に習得できるようにと考えられています。ホームワークの目標はスキルを習慣化することにあります。これを忘れないでください。

　PATを進めていくペースは，ご自身のニーズに合わせられます。例えば，次の章に進んだあとでも，必要であれば用紙をコピーして練習を続けられます。ただし，次の章に進む前に，さらに追加で2週間以上を各章にかけることはお勧めしません。1つの章にあまり長い時間をかけると，推奨されている15週間という期間内にすべてのスキルを習得するのに支障が生じる可能性があります。一方，あなた（セラピストがいる場合はそのセラピスト）が，より個別化したアプローチが最適であると判断した場合（例えば，動機づけの問題に対処するスキルのみに焦点を当てるなど），期間が短くなる可能性があります。

　1日の最初や最後に練習するのが最適なスキルもあれば（例：**銀の光を見つける，ポジティブを思い描く，感謝する，思いやりいつくしむ，誰かの幸せを喜ぶ**），日中に練習するのが最適なスキルもあります（例：**ポジティブな活動を実践する，与える**）。やる気が起きないからといって，練習を1日の終わりにまで追いやることがないように気をつけましょう。結局，まったくやらないということになりかねません。研究によると，学習は1日の早い時間に行うのが最も効果的です。スキルを習慣化させるうえでは，練習した直後にエクササイズ用紙に記入するのがベストです。必要なときにすぐに使えるよう，用紙のコピーを数部，車やオフィス，バッグに入れておきましょう。

　スキルを練習するとき，書きとめながらとり組むと効果が高まります。ワークブックにある用紙に記入してスキルを練習することは，慣れないうちには特に重要です。ペンをもって紙に書き出すことには，多くの利点があります。

1. 書くことで感情がやわらぎます。これは，感情に直接影響する思考や行動にとり組むうえで助けになります。
2. 書くことで，心がゆっくりと動くようになります。人の心は急かされやすく，気が散りがちです。そのせいで，物事をしっかりと習得できなくなることがあります[*2]。
3. 書きとめることは，記憶を定着させ（て覚えておく）のに役立ちます。これは，物事を学ぶうえで不可欠です。

モジュール1 PATを知る

推奨されるスケジュール

PATは体系的でありながら，個々のニーズに柔軟に対応できるように作られています。図3.1に，推奨されるスケジュールを示します。スキルを学ぶのに必要な時間は人それぞれですので，それに合わせて変更してもよいでしょう。メンタルヘルスの専門家と一緒にとり組んでいるなら，ニーズに最も合うように順番を変更するかどうかを一緒に決めてもよいでしょう。

改善したかどうかを知るには？

PATをはじめたら，自分の症状を観察していくことが大切です。そうすることで，自分が改善しているかどうかを知ることができますし，この情報はPATをやり通す動機づけになります。ポジティブ感情，ネガティブ感情，アンヘドニア・うつ・不安の症状を評価する標準化された適切な質問票については，セラピストが案内してくれることでしょう。

＊2 書くことで，自分がしていることをふり返り，それを言葉にし，ペンを動かして用紙に書きとめ，それを目で見るという一連の動作が必要になります。そうした動作の1つ1つが，起こっているポジティブなことに気づき，認め，学ぶことを助けます。

22

第3章 さあ，はじめましょう！

週	章	タイトル
1	1–4	チェック ・エクササイズ2.1「PATとの相性チェック」 ・エクササイズ2.2「PATをはじめるタイミングチェック」 アンヘドニアの心理教育／PATの全体像 感情サイクル ・エクササイズ4.1「感情サイクルに気づく」 感情を言葉にする ・エクササイズ4.2「ポジティブ感情ダイヤル」 ポジティブへと行動する ・エクササイズ5.1「日々の活動とポジティブ感情の記録」
2	5	ポジティブへと行動する ・エクササイズ5.1「日々の活動とポジティブ感情の記録」 ・エクササイズ5.2「ポジティブな活動リスト」 ・エクササイズ5.3「熟達感をもつことでポジティブを感じることができる 　活動リスト」 ・エクササイズ5.4「ポジティブな活動マイリスト」
3	5	ポジティブへと行動する ・エクササイズ5.5「ポジティブな活動の計画」
4–7	5	ポジティブへと行動する ・エクササイズ5.5「ポジティブな活動の計画」 ・エクササイズ5.6「瞬間をあじわう」
8	6	ポジティブに目を向ける ・エクササイズ6.1「銀の光を見つける」
9	6	ポジティブに目を向ける ・エクササイズ6.2「自分のものにする」
10	6	ポジティブに目を向ける ・エクササイズ6.3「ポジティブを思い描く」
11	7	ポジティブを積み重ねる ・エクササイズ7.1「思いやりいつくしむ」
12	7	ポジティブを積み重ねる ・エクササイズ7.2「感謝する」
13	7	ポジティブを積み重ねる ・エクササイズ7.3「与える」
14	7	ポジティブを積み重ねる ・エクササイズ7.4「誰かの幸せを喜ぶ」
15	8	旅を続ける ・エクササイズ8.1「進展のチェック」 ・エクササイズ8.2「長期目標」 ・エクササイズ8.3「学びを維持する」 ・エクササイズ8.4「壁を乗り越えていく」

図3.1 推奨されるスケジュール

23

第 4 章

思考・行動・身体感覚の 3 要素

感情サイクルとは
下向きスパイラルと上向きスパイラル
感情を言葉にする（ラベリングする）

感情サイクルとは

感情サイクルから，何が感情を引き起こすのか，感情が何に
つながるのかがはっきりします。まずは，何が感情を引き起こ
すのかから説明しましょう。どう考え（思考），何をして（行
動），体でどう感じるか（身体感覚）は，そのときの気持ち（感
情）に直接作用します。以下の例は，思考・行動・身体感覚の
三要素が，感情に直接的な影響を与えている様子を描いています。

> 感情サイクル＝思考
> （考えること）＋行動
> （何かをすること）＋身
> 体感覚（感じること）。

思考

友人が挨拶もせずに通り過ぎ去ったとします。もしあなたが，「私が何かをしたせいで怒って
いるに違いない」と考えたとしたら，**罪悪感**を感じることでしょう。「友人は意地悪をしようと
無視した」と考えたなら，**怒り**を感じるでしょう。そして，「気づかなかったみたい。いかにも
あの人らしいなあ。いつも上の空なんだよね」と考えたなら，**愉快**な気持ちにさえなるかもし
れません。図 4.1 に示すように，友人の行動をどう考えるか（思考）は，どんな感情になるか
（罪悪感，怒り，愉快）に直接影響します。

行動

一番すきな活動を思い浮かべてください。すきな音楽を聴く，釣りやセーリングに出かける，
大切な人たちと過ごす，運動する，すきな料理を作る，工作をする，ハイキングする，などか
もしれません。

次に，一番きらいな活動を考えてみてください。よくある例としては，たくさんの人の前で

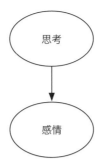

図 4.1 感情サイクルの一部：思考は人の気分や感情を変化させることがある

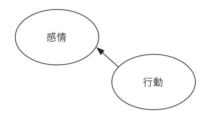

図 4.2 感情サイクルの一部：行動も人の全般的な気分や感情の変化を生じさせることがある

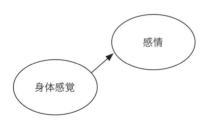

図 4.3 感情サイクルの一部：身体感覚は人の気分や感情を変化させることがある

　プレゼンテーションをする，仕事で締め切りに追われる，たくさんの食器を洗う，税金の書類を作る，渋滞の中で運転する，カスタマーサービスに電話することなどかもしれません。

　それでは，すきな活動をした後の感情と，きらいな活動をした後の感情を想像してみてください。すきな活動を思い浮かべたときのほうがポジティブ感情（例えば，喜び，誇らしさ，興奮，活力など）を多く感じ，きらいな活動を思い浮かべたときのほうがネガティブ感情（例えば，不安，怒り，不満など）を多く感じることに気づくはずです。図 4.2 に示されているように，何をするか（行動）は，感情に直接影響します。

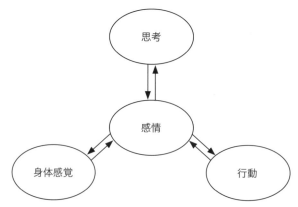

図4.4 感情サイクル：思考，身体感覚，および行動は感情に影響を与え，その逆もまた起こる

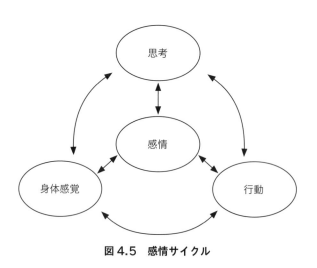

図4.5 感情サイクル

身体感覚

　身体の痛みを体験したときの感情を特定してみましょう。怒り，イライラ，不安，悲しみ，恐怖などを感じるかもしれません。次に，筋肉の緊張がほぐれた後に感じる感情を特定してみましょう。リラックス感，気楽さ，満足などを感じるかもしれません。図4.3に示すように，身体感覚も感情に影響を与えます。

感情の3要素

　思考・行動・身体感覚はすべて感情に影響を与えます。感情が折り重なって，気分となります。図4.4に示すように，思考し，行動し，身体に感じることは感情を構成する要素であり，感情に影響を与えます。

　逆もまたしかりで，感情は，思考，行動，身体感覚に影響を与えます。例えば恐怖を感じる

と，自分が危険にさらされていると考え，心臓がドキドキし，走って逃げるかもしれません。恥を感じると，「自分は劣っている」と考え，隠れたい衝動にかられ，目線や頭を下に向けるでしょう。誇らしさを感じると，自分についてポジティブに考え，生産的になり，しゃきっとした姿勢をとるようになります。

さらに，図4.5に示されているように，感情の3要素は相互につながっていて，それぞれ影響を及ぼし合います。**思考**は，**身体感覚**や**行動**を変化させます。**行動**は，**思考**や**身体感覚**を変化させます。そしてまた，**身体感覚**によって，**思考**や**行動**が影響を受けます。

多くの人は，感じること自体をやめたいと思ってセラピーに来ますが，それは不可能なことであり，役にも立ちません。落ち込みや心臓のドキドキを，電気のスイッチをオフするかのように消してしまうことを想像してみてください。そんなことはできませんし，それができるならば，心理療法は必要ありません。感情を避けることはできませんし，避けるべきでもありません。一方で，思考や行動は変えられますし，そうすることで感じ方を変えることができます。これこそが，PATが用いる認知行動アプローチです。思考と行動のスキルを組み合わせて，ポジティブ感情を頻繁に，さまざまなバリエーションをもって，強くしっかり感じるようにしていきます。以下は1つの例です。

フェリックスがパーティーに招待されたとします。図4.6に示すように，もしフェリックスが「このパーティーに招待されたのは，自分がみんなにすかれているからだ」（思考）と考えたとしたら，胸が温かくなり，顔がほころび（身体感覚），みんなとのつながり（感情）を感じるでしょう。その上，活力を感じ（身体感覚），招待を受け入れ（行動），わくわくして（感情），パーティーではまわりの人たちに話しかけ（行動），その結果，新しい友達ができるかもしれません。

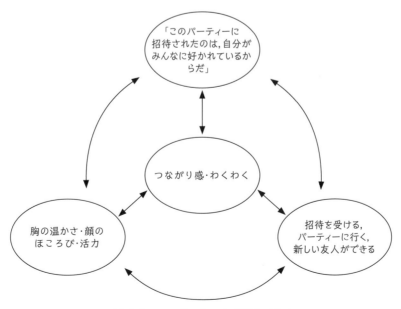

図4.6　フェリックスの感情サイクル

エクササイズ 4.1　感情サイクルに気づく

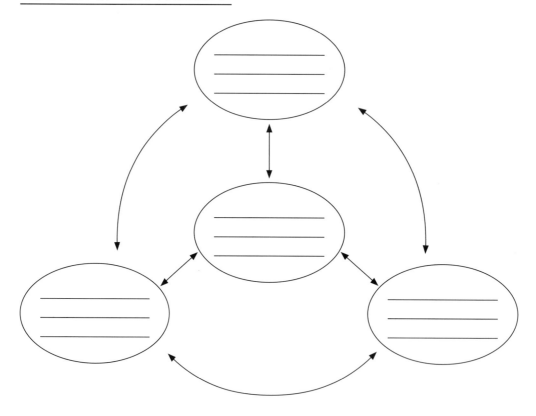

エクササイズ 4.1：感情サイクルに気づく

それでは，あなたの番です！　ご自身の体験の中で，上記のフェリックスのような例がありますか？　エクササイズ 4.1「感情サイクルに気づく」に書き出してください。

下向きスパイラルと上向きスパイラル

　下向きスパイラルという言葉を聞いたことがあるでしょうか。ある感情（例：落ち込み）がネガティブな思考（例：「私は何もまともにできない」）につながり，それが次のネガティブな思考（例：「私はバカでダメな人間だ」）につながり，それがまたネガティブ感情（例：恥とさらなる落ち込み）につながり，それが行動（例：孤立）につながり，そのサイクルを連鎖させていきます。下向きスパイラルはネガティブ感情サイクルの一例です。一度そのサイクルに入ると，なかなか抜け出せなくなってしまいます。
　上向きスパイラルについても同様です。ポジティブな思考（例：「私にはできる」）がポジティブ感情（例：自信）につながり，それが行動（例：生産性の高さ）につながり，それが次のポ

ジティブな思考（例：「うまくいった」）と感情（例：誇らしさ）につながる，といった具合です．上向きスパイラルも感情サイクルの一種ですが，ポジティブな方向に作用します．

下向きスパイラルと同様に，上向きスパイラルも連鎖することが実証されています．したがって，PATの目標の1つは，行動を変え，思考にとり組むことによって，上向きスパイラルに乗れるようになることです．そのために本書を読み進め，エクササイズ用紙を使って毎日の実践練習を行っていきます．以下は1つの例です．

フェリックスは散歩に出かけたとき（行動），上向きスパイラルを体験しました．近くの湖を散歩していると，生まれたばかりのヒナたちを連れたカモを何羽か見かけました．フェリックスは「すごい！」と思いました（思考）．カモを見ながらにこにこし（行動），時にくすくす笑いが漏れました（身体感覚）．その結果，気分が全体的に上がり，特に愉快さと満ち足りた気持ち（感情）を感じ，また散歩に行こうという意欲（感情）を感じるようになりました．実際に翌日，フェリックスはまた散歩に出かけただけでなく（行動），さらに遠くまで歩きました．

感情を言葉にする（ラベリングする）

PATは，ポジティブ感情を体験できるように作られています．ポジティブ感情に気づくためには，その感情を言葉にする（ラベリングする）のを学ぶことが大切です．感情を表現する言葉がなければ，私たちは自分の感情を認識し，伝えることができません．**感情を言葉にする**ことによって，自分が感じていることに**気づき**，それを**認めて感謝**できます．ネガティブ感情を表す言葉を見つけるのは簡単なのに，ポジティブ感情を表す言葉を見つけるのはずっとむずかしいことに気づくでしょうか．自分が経験していることを正確に認識し，その大切さを評価するためには，ポジティブ感情への気づきを広げ，語彙を増やすことが大切です．PATを進めていく中で，ポジティブ感情を表現する練習をしていくことになります．

> 感情を言葉にすることは，ポジティブな経験の気づきを助けます．

ポジティブ感情を言葉にする例

エクササイズ4.2「ポジティブ感情ダイヤル」では，ポジティブ感情のラベルの一覧が示されています．以下のジョイとフェリックスの例を読み，ポジティブ感情ダイヤルの用紙で，自分の気持ちを最もよくとらえていると思う言葉の横にアスタリスクなどのしるしをつけてください．PATのあらゆる段階で，気づいたポジティブ感情を言葉にして記録していきます．ポジティブ感情ダイヤルは，ポジティブな感情を特定する際の手助けとして使えます（ただし，文字の大きさは各感情の重要性を意味するものではありません）．

29

エクササイズ 4.2　ポジティブ感情ダイヤル

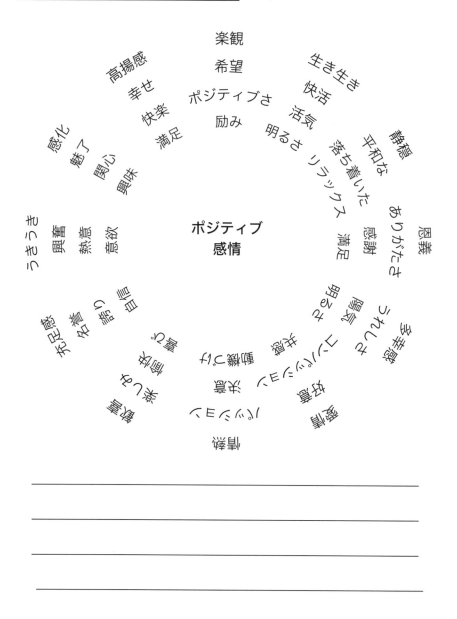

_____

_____

　ホームワークとして，ポジティブ感情を同定し，言葉にする（ラベリングする）練習をしましょう。下の行には，図中に含まれないポジティブ感情を書き加えてください。PATの期間中，この用紙に新たなポジティブ感情を追加し続けましょう。

ジョイとフェリックスの例

　　　ジョイはポジティブ感情ダイヤルを見て，ポジティブ感情の選択肢がこんなにたくさんあるのを知らなかったことに気づきました。彼女はまた，最近あまりポジティブ感情

を経験していないことを自覚し，書かれているすべての感情を一生懸命に想像してみました。

彼女は，尊敬される，愉快，誇らしい，感謝の横にアスタリスクをつけました。これらの感情が，彼女にとって一番もとめている（足りないと）感じるものだったからです。

フェリックスは，ポジティブ感情ダイヤルを確認し，いくつかのポジティブ感情は想像しにくいことに気づきました。興味関心，大胆，リラックスしている，という3つが特に気になったので，それらにアスタリスクをつけました。

トラブルシューティング

なぜポジティブ感情を言葉にすることが大切なの？

感情を言葉にする（ラベリングする）ことで，今この瞬間，自分が経験していることに気づき，それを認められるようになります。通常，ネガティブ感情を言葉にするほうがずっと簡単です。ポジティブ感情に気づき，言葉にすることはずっと困難です。ポジティブ感情を認識し，言葉にできるようになると，さまざまなポジティブ感情に対する気づきが広がります。さらに，自分が感じていることをより正確にとらえることができるようになります。

新しいポジティブ感情を思いつくのがむずかしい場合は？

それはとても自然なことで，まったく問題ありません。気分が沈んでいる人にとって，ポジティブ感情を思いつくのがむずかしいのはよくあることです。そのために，ポジティブ感情ダイヤルがあります。このリストに自分が経験しているポジティブ感情が含まれていない場合は，過去の楽しかった出来事や活動をできるだけ鮮明に思い出し，そのときの感情を書き留めてください。ポジティブ感情を言葉にする練習を早くはじめるほど，新しいポジティブ感情を生み出すことができるようになります。

モジュール 2

PATのスキルセット

第5章

ポジティブへと行動する

ポジティブへと行動する大切さ
日々の活動とポジティブ感情をモニタリングする
ポジティブな活動を計画する
ポジティブな活動を実践する
瞬間をあじわう

ポジティブへと行動する大切さ

　最初に学ぶスキルセットでは，行動に焦点を当てます。前にお伝えしたように，行動は感情の一部で，行動は感情や思考に直接影響します。ポジティブ感情が低いのは，生活の中でポジティブな活動が十分でないためです（感情サイクルを覚えていますか？　覚えていなければ，第4章に戻りましょう）。社会的または感情的な孤立，回避，引きこもりなどの行動は，ポジティブ感情を低いままにする原因になります。感情を上向きにするためにはどうするとよいでしょうか。それは，行動を変えることです！　研究によれば，多くの活動をする（行動する）ことが気分をよくし，さらに報酬を得られる活動にとり組むことにつながることがわかっています。活動的であることは，身体の健康だけでなく，メンタルヘルスも向上させます。通常，ポジティブへと向けた行動や楽しい活動は，よりポジティブな思考や感情につながります。「そうなるまで，そのふりをしてみよう（fake it until you make it）[*1]」という言葉を聞いたことがあるでしょうか。この言葉通りに，たとえやる気が出なくても何かにとり組むことが，気分を高める最もよい方法です。

　具体的にイメージしながら語ることで，楽しみや報酬を得られる活動をさらに増やすことができます。そうすることで，楽しみや報酬を得られる活動の中で，どれがポジティブ感情につながるかを学び（まなぶ），それにとり組もうとする動機づけ（もとめる）や楽しさ（あじわう）を高めることができるでしょう。そして，そのような楽しみを感じる活動を行うための手順やステップも学べるようになります。

　＊1　もう少し丁寧に訳すなら，「なりたい自分の姿があるなら，すでにその姿になっているかのようなふりをして行動し続けてみよう」となる。

ポジティブ感情が低いのだから，活動を楽しむことはむずかしいと考える人もいます。「意味なんてない」と考え，ポジティブな活動をしなくなります。また，「私は楽しいことをするに値しないし，時間もない」と考える人もいます。あなたはどうでしょうか？

まず，現在ポジティブだと感じていること，あるいは，過去にポジティブだと感じていたことに注目してみましょう。そして，こうした活動のポジティブな側面をもっと深く体験することにとり組みましょう。ポジティブ感情が低いために，ほとんど何も楽しめず，ポジティブ活動をしない人がいます。ご自身に当てはまるでしょうか？

行動は感情サイクルの一部です。大事なのは，最も直接的に影響を与えられる要素だということです。医学的な制約がない限り，どんな思考や身体感覚があろうと，とにかく自分から行動し活動できます。逆に，私たちは思考や感情や身体感覚を簡単に遮断したり，逆方向に動かすことはできません。ソファに寝転んでいて，目の前のローテーブルに水筒が置いてあるとしましょう。「立ち上がって水筒をとることすらできない」と思ったとします。このとき，何が起こっているのでしょうか？　おそらく身体感覚がだるくて，「できない」という思考が起こっているのでしょう。うつ病の人がよく訴える感覚の1つに，エネルギー不足があります。身体が重く，動けなくなります。内心では「疲れているから起き上がれない」，「起き上がって何の意味がある？　起きても気持ちは変わらないよ」と考えているか

もしれません。しかし，実際に身体の麻痺などがなければ，どれだけ思考や感情で「起き上がれない」と思い込んでいても，実際には起き上がることが**できます**。もし起き上がって水筒をとってしまえば，もう「できない」とは言えなくなります。それは，行動をもってできることを証明したからです。

> **行動を変えること**は，思考や感情を変える最も簡単な方法である。

行動を起こす際，慣性の第一法則について覚えておくのが大切です。中学校で学んだことを覚えておられるでしょうか。「物体が静止しているときは静止し続け，運動している物体は外力がかからない限り運動し続ける」。つまり，一度動き出せば簡単に動き続けられるということです。例えば，散歩をはじめれば歩き続けることが簡単になり，ある仕事にとり組みはじめたら，仕事を続けることが簡単になります。最もむずかしいのは「動き出す」ところで，つまり「はじめる」ことです。うつ病やアンヘドニアの状態にある人は，報酬を得られることをイメージできても，それをはじめようとする意欲がなかなかもてません。この原則を頭に入れておいて，課題にとり組んでみましょう。はじめようとすると「気が重く」感じられ，やっても無意味だと思うかもしれません。しかし，その考えにだまされないでください。それは単なる「考え」にすぎず，事実ではありません。「やるまで無意味かどうかはわからない」と自分に問い直してみましょう。

> 一度動き出せば，動き続けるのは簡単になる。

日々の活動とポジティブ感情をモニタリングする

活動についてモニタリングをはじめましょう。これが大切な理由を理解することで，活動に

とり組みやすくなります。ソファに寝転んでいるだけでも運動するのと同じくらい健康によい影響があるのだとしたら，あなたは運動するでしょうか。おそらくは運動しないでしょう。活動のモニタリングが大切な理由は，次の通りです。

1. 自分のスタート地点を知ることができます。これはモニタリングを進めていくうえで大切です。
2. 日々の活動を客観的かつ正確にわかりやすく記録できます。
3. ポジティブ活動にとり組みやすい時間帯が見つけられます。
4. 活動とポジティブ感情の関係がわかります。

38ページのエクササイズ5.1「日々の活動とポジティブ感情の記録」を参照してください。モニタリングでは睡眠時間，運動量，ネットの利用時間，とり組んだ活動の数などを記録します。自分が日中やっていると思っていたことと実際が異なっていることに驚くかもしれません。図5.1はフェリックスが記入した例です。

エクササイズ5.1「日々の活動とポジティブ感情の記録」

　さて，あなたの番です！　次の7日間，毎日の終わりに「日々の活動とポジティブ感情の記録」（エクササイズ5.1）用紙に記入してください。

　活動を記録しながら，それぞれの活動後のポジティブ感情についてもモニタリングしてください。例えば，友人と食事をした後と，テレビを見た後とで，ポジティブ感情がどう違うかを注目してください。なぜこれが大切なのでしょうか？　PATの目的は，行動することでポジティブ感情を高めることです。ポジティブ感情が高まったかは，記録しなければわかりません。これは，ものごとを管理するときに記録をとるのと同じです（例えば，体重，健康，家計）。判断するための何かがないと管理することはむずかしいのです。さらに，ある活動がポジティブ感情と強く関係する一方で，そうでない活動もあることに気づくかもしれません。モニタリングは，こうした関係を学ぶのに役立ちます。

ポジティブな活動を計画する

これからの数週間，ポジティブな活動のとり組みを積極的に増やしていきましょう。ポジティブ活動を計画することも実践することも，ポジティブ感情を高めることにつながります。最初に，現在ポジティブに感じていることや，過去にポジティブに感じていたこと，そして試してみればポジティブに感じるであろうことに注目しましょう。

第 5 章　ポジティブへと行動する

日々の活動とポジティブ感情の記録		

エクササイズの進め方：あなたの日々の活動を 1 日中モニタリングし，記録しましょう。各活動の前後で，あなたのポジティブ感情を評定してください（0 ＝最低，10 ＝最高）。あなたの活動について，今週は毎日記録してみましょう。1 日ごとに「日々の活動とポジティブ感情の記録」のエクササイズ用紙を使いましょう。

今日の曜日：　　　　火曜日

	活動	活動前の ポジティブ感情（0–10）	活動後の ポジティブ感情（0–10）
1:00	睡眠		
2:00	睡眠		
3:00	睡眠		
4:00	睡眠		
5:00	睡眠		
6:00	睡眠		
7:00	睡眠		
8:00	睡眠		3
9:00	ベッドでスマホを確認する	3	2
10:00	ビデオゲームをする	2	
11:00	テレビを見る		3
12:00	昼食	4	4
13:00	母親と電話で話す	4	7
14:00	ビデオゲームをする	6	
15:00	ビデオゲームをする		
16:00	テレビを見る		
17:00	ビデオゲームをする		
18:00	ビデオゲームをする		1
19:00	夕食	3	3
20:00	テレビを見る	3	3
21:00	インターネットをする	3	
22:00	インターネットをする		
23:00	インターネットをする		2
24:00	睡眠	2	

図 5.1　フェリックスの「日々の活動とポジティブ感情の記録」

モジュール 2　PAT のスキルセット

エクササイズ 5.1　日々の活動とポジティブ感情の記録

日々の活動とポジティブ感情の記録

エクササイズの進め方：あなたの日々の活動を1日中モニタリングし，記録しましょう。各活動の前後で，あなたのポジティブ感情を評定してください（0 =最低，10 =最高）。あなたの活動について，今週は毎日記録してみましょう。1日ごとに「日々の活動とポジティブ感情の記録」のエクササイズ用紙を使いましょう。

今日の曜日：＿＿＿＿＿＿＿＿＿＿＿

	活動	活動前の ポジティブ感情（0-10）	活動後の ポジティブ感情（0-10）
1:00			
2:00			
3:00			
4:00			
5:00			
6:00			
7:00			
8:00			
9:00			
10:00			
11:00			
12:00			
13:00			
14:00			
15:00			
16:00			
17:00			
18:00			
19:00			
20:00			
21:00			
22:00			
23:00			
24:00			

38

第5章　ポジティブへと行動する

エクササイズ 5.2「ポジティブな活動リスト」

エクササイズ 5.3「熟達感をもつことでポジティブを感じることができる活動リスト」

　エクササイズ 5.2 の「ポジティブな活動リスト」を見て，それぞれの活動が，**現在**ポジティブ感情をもたらす活動なのか，**過去に**ポジティブ感情をもたらした活動なのか，それとも新たに**試してみる**活動なのかを確認してみましょう。現在とり組んでいるポジティブ活動には「C」，過去にとり組んだ活動には「P」，これから試す活動には「T」をつけてください。空白の行に，現在楽しんでいる活動，過去に楽しんでいた活動，これから楽しめそうだと思う活動を書き加えてください。次に，エクササイズ 5.3「熟達感（うまくとり組めているという感覚）をもつことでポジティブを感じることができる活動リスト」についても，同じようにラベル（「C」，「P」，「T」）をつけてください。現在，熟達感をもたらす活動や，そう感じられるであろう活動があれば，書き加えましょう。

エクササイズ 5.4「ポジティブな活動マイリスト」

　さて，あなたの番です！　エクササイズ 5.4「ポジティブな活動マイリスト」を使って，（1）現在楽しんでいる活動，過去に楽しんでいた活動，これから楽しめそうだと思う活動，（2）人生に価値をもたらす活動，（3）すぐには楽しめないかもしれないけれど熟達感（または，他のポジティブ感情）をもたらす活動のリストを作りましょう。

　すでにとり組んでいるポジティブな活動からはじめるのもよいでしょう。例を挙げるのがむずかしい場合，前のリストで気に入った活動を思い出してみましょう。楽しくポジティブに感じる活動だけでなく，友人を助けたり，健康を増進したりするような，人生に価値をもたらす活動もリストアップしましょう。また，すぐには楽しみや報酬を得られなくても，やり終えたときに熟達感（または，他のポジティブ感情）が得られるような活動も加えましょう。

　ポジティブな活動をリストアップしながら，最後にその活動にとり組んだのはいつだったか，そして最近なぜとり組んでいないのかを考えてみましょう。その後に，それぞれの活動をやり終えるときのむずかしさ（0 ＝簡単，10 ＝最もむずかしい）を評定してください。とり組みやすく，手はじめに行うとよい活動を見つけ出していきます。

> **ポジティブへの行動**や楽しみを感じる活動は，ポジティブ思考と感情につながり，心と身体の健康を向上させる。

　幅広い活動があることも大切で，他の人と一緒に行う活動を加えましょう。短時間の活動や長時間の活動も加えましょう。例えば，すきなものを食べることはポジティブな活動と言えますが，友人と午後を過ごすことと比べて，ポジティブ感情を引き出しにくいかもしれません。図 5.2 はジョイの「ポジティブな活動マイリスト」の例であり，図 5.3 はフェリックスの例です。

39

モジュール2　PATのスキルセット

エクササイズ5.2　ポジティブな活動リスト

ポジティブな活動リスト

エクササイズの進め方：ポジティブな活動リストを見ましょう。それぞれの活動が，現在あなたにポジティブ感情をもたらすものなのか，過去にポジティブ感情をもたらしたものなのか，それともこれから試すものなのかを確認してみましょう。それぞれのポジティブ活動について，現在のものにはC，過去のものにはP，これから試すものにはTをつけてください。また，現在楽しんでいる活動，過去に楽しんでいた活動，これから楽しめそうだと思う活動があれば，追加してください。

C, P, T

_____　風呂に入る

_____　コンサートに行く

_____　スポーツイベントに行く

_____　友人または同僚とランチに行く

_____　バー，居酒屋，クラブ等に行く

_____　面白い本を読む

_____　動物とふれ合う

_____　自然の中で時間を過ごす

_____　映画，ドラマ，スポーツを観る

_____　パーティーに行く

_____　友達と遊ぶ

_____　料理をする

_____　ポジティブな未来を考える

_____　すきなお菓子を食べる

_____　大切な人と抱き合う

_____　運動，ハイキング，スポーツをする

_____　探索する（例えば，新しい道へ行く）

_____　メイクをする，
　　　　　　ヘアスタイルを整える等

_____　お洒落する

_____　映画館へ行く

_____　面白い映画や動画を観る

_____　マッサージを受ける

_____　_____

_____　_____

C, P, T

_____　自分のために物を買う

_____　宗教の祭事や地域の行事に参加する

_____　授業やクラブのイベントへ行く

_____　家族や友人へ贈り物を買う

_____　寄付する，ボランティアをする

_____　食べ物や手芸を手作りし，
　　　　　　人にプレゼントする

_____　すきな音楽でダンスする

_____　友達と近況を話す

_____　子どもや孫と遊ぶ

_____　誰かを手助けする

_____　新鮮な空気を吸う

_____　友人とビデオゲームする

_____　楽器を演奏する

_____　アート活動をする
　　　　　　（例えば，絵を描く，写真を撮る）

_____　すきなキャンドルの匂いを嗅ぐ

_____　カードやボードゲームをする

_____　散歩する

_____　手紙を書く

_____　写真を見る

_____　ガーデニングをする

_____　マニキュアやペディキュアをする

_____　_____

_____　_____

40

第 5 章　ポジティブへと行動する

エクササイズ 5.3　熟達感をもつことでポジティブを感じることができる活動リスト

熟達感をもつことでポジティブを感じることができる活動リスト

エクササイズの進め方：熟達感をもつことでポジティブを感じることができる活動リストを確認しましょう。それぞれの活動が，現在とり組んでいるものなのか，過去のものなのか，それともこれから試すものなのかを確認してみましょう。それぞれのポジティブ活動について，現在のものにはC，過去のものにはP，これから試すものにはTをつけてください。また現在，熟達感を得ている活動，またはこれから得られるであろう活動があれば，追加してください。

C, P, T ＿＿＿＿＿＿

＿＿＿＿＿＿　締め切りを守るために働く

＿＿＿＿＿＿　新しいスキルを学ぶ（例えば，語学）

＿＿＿＿＿＿　プロジェクトを終える

＿＿＿＿＿＿　お皿をきれいにする

＿＿＿＿＿＿　掃除機をかける

＿＿＿＿＿＿　イベントや集まり等を主催する

＿＿＿＿＿＿　旅行や休暇を計画する

＿＿＿＿＿＿　試験勉強をする

＿＿＿＿＿＿　ジグソーパズルをする

＿＿＿＿＿＿　＿＿＿＿＿＿＿＿＿＿＿

＿＿＿＿＿＿　＿＿＿＿＿＿＿＿＿＿＿

C, P, T ＿＿＿＿＿＿

＿＿＿＿＿＿　楽器を習う

＿＿＿＿＿＿　読書する

＿＿＿＿＿＿　物語，小説，演劇または詩を書く

＿＿＿＿＿＿　新しい趣味（例えば，手芸）を学ぶ

＿＿＿＿＿＿　部屋の模様替えをする

＿＿＿＿＿＿　アプリケーションにとり組む

＿＿＿＿＿＿　家具やアンティークの修復をする

＿＿＿＿＿＿　歌や音楽をアレンジする

＿＿＿＿＿＿　ホームワークを終わらせる

＿＿＿＿＿＿　＿＿＿＿＿＿＿＿＿＿＿

＿＿＿＿＿＿　＿＿＿＿＿＿＿＿＿＿＿

41

モジュール 2　PAT のスキルセット

ポジティブな活動マイリスト	

エクササイズの進め方： (1) 現在楽しんでいる活動，過去に楽しんでいた活動，これから楽しめそうだと思う活動，(2) 人生に価値をもたらす活動，(3) すぐには楽しめないかもしれないけれど，達成後に熟達感（または，他のポジティブ感情）を得られる活動の，それぞれの項目を達成するときの困難度（0 ＝簡単，10 ＝最も難しい）を評定してください。

活動	困難さ（0-10）
1.　娘とランチをする	6
2.　日の出を見る	2
3.　ランニングする	4
4.　お気に入りの映画を観る	3
5.　ご近所のお年寄りを手助けする	9
6.　友人とコーヒーを飲む	7
7.　ヨガ教室へ行ってみる	10
8.　掃除する	6
9.　仕事の締め切りを守る	8
10.　友人を夕食に招く	7

図 5.2　ジョイの「ポジティブな活動マイリスト」

ポジティブな活動マイリスト	

エクササイズの進め方： (1) 現在楽しんでいる活動，過去に楽しんでいた活動，これから楽しめそうだと思う活動，(2) 人生に価値をもたらす活動，(3) すぐには楽しめないかもしれないけれど，達成後に熟達感（または，他のポジティブ感情）を得られる活動の，それぞれの項目を達成するときの困難度（0 ＝簡単，10 ＝最も難しい）を評定してください。

活動	困難さ（0-10）
1.　友人に電話をする	6
2.　ビデオゲームをする	2
3.　近所の教会でボランティアをする	10
4.　フィットネスへ行く	8
5.　朝に散歩をする	6
6.　就職活動をする	9
7.　友人と夕食を食べる	8
8.　外の新鮮な空気を吸う	3
9.　食料品を買う	5
10.　近所で新しい発見をする	7

図 5.3　フェリックスの「ポジティブな活動マイリスト」

42

エクササイズ 5.4　ポジティブな活動マイリスト

ポジティブな活動マイリスト

エクササイズの進め方：（1）現在楽しんでいる活動，過去に楽しんでいた活動，これから楽しめそうだと思う活動，（2）人生に価値をもたらす活動，（3）すぐには楽しめないかもしれないけれど，達成後に熟達感（または，他のポジティブ感情）を得られる活動の，それぞれの項目を達成するときの困難度（0＝簡単，10＝最も難しい）を評定してください。

活動	困難さ（0–10）
1.	
2.	
3.	
4.	
5.	
6.	
7.	
8.	
9.	
10.	

トラブルシューティング

ポジティブな活動リストのどの項目にも興味がもてないとき，どうすればよいですか？

　エクササイズ5.2の「ポジティブな活動リスト」の中のどの例も，興味をもちにくいかもしれません。これはおそらくアンヘドニア症状のためでしょう。どの活動もポジティブ感情を呼び起こすとは考えにくいかもしれませんが，科学的には，リストにある活動や，自身が考えついた活動を行うことによって，ポジティブ感情が生じると考えられます。ですから，少なくとも1つの活動を試してみて，その活動の前，中，後にポジティブ感情が生じるかどうかを観察することをお勧めします。ポジティブ感情が生じない場合，他の活動をいくつか試してみましょう。

モジュール2　PATのスキルセット

ポジティブな活動を実践する

　よくできました！「ポジティブな活動マイリスト」（エクササイズ5.4）と「日々の活動とポジティブ感情の記録」（エクササイズ5.1）をやり終えたことでしょう。先週，ポジティブな活動にいくつとり組みましたか？　どのくらい楽しめましたか？　ポジティブ感情が高まりましたか？

　こうした情報は，次のエクササイズ「ポジティブな活動の計画」（48ページのエクササイズ5.5を参照）で用います。次の数週間で，あなたは日課として，もっと報酬を得られる活動をもっと取り入れていくことになります。その中には，すでにとり組んでいる活動，つまり「日々の活動とポジティブ感情の記録」に記入されている活動もあれば，過去に楽しんでいた活動や，ずっと試してみたかった活動など，新しい活動も取り入れます。前にもお伝えしたように，家の掃除や締め切りを守るなどのような，すぐには報酬を得にくいけれども，やり終えたときに熟達感，自分自身でやったぞという感覚，達成感を得られるような活動を取り入れることが大切です。

　ジョイの例です（図5.4）。

　最初，ジョイは現在楽しんでいる活動を考えるのがむずかしいと感じました。少し考えてみたところ，彼女は友人と過ごす時間を失っていることに気づき，友人のサムを夕食に誘うことにしました（「ソーシャル」と「余暇」のカテゴリー）。ジョイは，とり組みやすくするために必要なステップを書き出しました。"サムに電話して，日程調整する"，"料理のレシピを探す"，"料理の下ごしらえをする"，"料理をする"と書きました。さらに，その活動を行う頻度（今週は1回），曜日／時間／期間（金曜日の夜），参加者（サム）を書きました。彼女は，「ポジティブな活動の計画」の用紙に，サムとの夕食前後のポジティブ感情を記録しました（例えば，10点満点中の3点から8点）。彼女は，気分がよくなり，晴れやかさ，つながり感，誇らしさを感じていることに気づきました。

　フェリックスの例です（図5.5）。

　フェリックスは，かつて楽しんでいた活動について考えはじめました。彼は散歩がすきだったことを思い出し，毎朝15分間の散歩をはじめることにしました（「健康」と「余暇」のカテゴリー）。このエクササイズを実践するのに必要なステップは，"8時30分に目覚まし時計のアラームを設定する"，"プレイリストを探す"，"コーヒーを飲む"，"トレーニングウェアを着る"でした。フェリックスは，「ポジティブな活動の計画」の用紙に，毎日の散歩の前後のポジティブ感情について記録すると（例えば，10点満点中3点から5点），気分が改善したことに気づきました。また達成感や活力が

わいてきたことにも気づきました。

エクササイズ5.5「ポジティブな活動の計画」

さあ，いよいよ楽しむ時間です！　「ポジティブな活動マイリスト」（エクササイズ5.4）から活動を1つ選び，エクササイズ5.5「ポジティブな活動の計画」に記入しましょう。活動によっては，いくつかのステップに分ける必要があるので，その場合はひとまとめにするのではなく，ステップごとにエクササイズ5.5の用紙に書きこみましょう。用紙はポジティブ活動ごとに使用してください。

とり組みやすくするために，必要なステップを書き出すとよいでしょう。楽しい活動でも，時には計画し，少し手間をかける必要があります。簡単な活動からはじめ，壁になることを予測しておくことで，活動をやりとげやすくなります。最後に，その活動に最もよく当てはまるカテゴリーを選びましょう（例えば，ソーシャル，仕事，健康）。活動が1つのカテゴリーのみに偏っている場合，他のカテゴリーの活動を組み合わせてみましょう。人と関わる活動を少なくとも1つ取り入れることをお勧めします。

各活動の前後で，ポジティブ感情について0点（最低）から10点（最高）までの数値で記録してください。同時に，活動の前，中，後に体験したポジティブ感情の種類（ラベル）も書いてください。第4章のエクササイズ4.2「ポジティブ感情ダイヤル」の用紙を参照してください。

毎週のホームワークとして，エクササイズ5.4から新しい活動を3〜5つ選びます。活動ごとに「ポジティブな活動の計画」用紙を1枚使用します。最も簡単な活動からはじめて，むずかしさを徐々に上げていきましょう。必要に応じて，活動をステップにわけて進めていきましょう。

モジュール2　PATのスキルセット

ポジティブな活動の計画

エクササイズの進め方： ポジティブな活動リストから，今週とり組んだ活動を1つ選んでください。この活動を「活動」欄に書き込んでください。その活動がどのカテゴリー（例えば，ソーシャル，仕事，健康，余暇，スピリチュアリティ，その他）に該当するかを記してください。もしその活動を達成するのにステップに分ける必要があれば，「どのように活動を行うか」欄にそのステップを記入してください。各ステップについて，困難度を0から10の数値で評定してください（0＝簡単，10＝最も難しい）。その後，週あたりの回数，曜日，時間帯，どのくらいの時間で，誰と行うかを文章内の空欄に書き込んでください。そして，1週間を通してその活動を実践し，活動の前後のポジティブ感情について0から10の数値で評定してください（0＝最低，10＝最高）。さらに，その活動の前，中，後で気づいたポジティブ感情の種類を記入してください。

活動

サムを夕食へ招く

カテゴリー

☑ ソーシャル　☑ 余暇

☐ 仕事　　　　☐ スピリチュアリティ

☐ 健康　　　　☐ その他

どのように活動を行うか

ステップ	困難度（0-10）
1.　サムに電話して，日程調整する	6
2.　料理のレシピを探す	3
3.　料理の下ごしらえをする	5
4.　料理をする	8
5.　サムを招く	6
6.	
7.	
8.	

ホームワークとして，私はこの活動を，今週＿＿1＿＿回，＿＿金曜日＿＿（月，火，水曜日など），＿＿夜＿＿（午前，午後，夜）に，＿＿2時間＿＿（秒，分，時間），＿＿サム＿＿と（該当する場合，名前）行う。

ホームワーク#	前のポジティブ感情（0-10）	後のポジティブ感情（0-10）	ポジティブ感情の種類
1	3	8	晴れやかさ，つながり感，誇らしさ
2			
3			
4			
5			
6			
7			

図5.4　ジョイの「ポジティブな活動の計画」

第5章 ポジティブへと行動する

ポジティブな活動の計画

エクササイズの進め方：ポジティブな活動リストから，今週取り組んだ活動を1つ選んでください。この活動を「活動」欄に書き込んでください。その活動がどのカテゴリー（例えば，ソーシャル，仕事，健康，余暇，スピリチュアリティ，その他）に該当するかを記してください。もしその活動を達成するのにステップに分ける必要があれば，「どのように活動を行うか」欄にそのステップを記入してください。各ステップについて，困難度を0から10の数値で評定してください（0＝簡単，10＝最も難しい）。その後，週あたりの回数，曜日，時間帯，どのくらいの時間で，誰と行うかを文章内の空欄に書き込んでください。そして，1週間を通してその活動を実践し，活動の前後のポジティブ感情について0から10の数値で評定してください（0＝最低，10＝最高）。さらに，その活動の前，中，後で気づいたポジティブ感情の種類を記入してください。

活動
15分間の散歩をする

カテゴリー
☐ ソーシャル ☑ 余暇 ☐ 仕事 ☐ スピリチュアリティ ☑ 健康 ☐ その他

どのように活動を行うか

ステップ	困難度（0-10）
1. 8時30分に目覚まし時計のアラームを設定する	6
2. プレイリストを探す	2
3. コーヒーを飲む	2
4. トレーニングウェアを着る	4
5. 散歩する	8
6.	
7.	
8.	

ホームワークとして，私はこの活動を，今週＿＿7＿＿回，＿＿毎日＿＿（月，火，水曜日など），＿＿朝＿＿（午前，午後，夜）に，＿＿15分＿＿（秒，分，時間），＿＿自分自身＿＿と（該当する場合，名前）行う。

ホームワーク#	前のポジティブ感情（0-10）	後のポジティブ感情（0-10）	ポジティブ感情の種類
1	3	5	達成感
2	1	4	希望に満ちた
3	2	6	活力に満ちた
4	4	5	誇らしさ
5	3	7	ひらめきに満ちた
6	5	6	たくましさ
7	2	5	リフレッシュ

図5.5 フェリックスの「ポジティブな活動の計画」

モジュール2　PATのスキルセット

エクササイズ5.5　ポジティブな活動の計画

ポジティブな活動の計画

エクササイズの進め方： ポジティブな活動リストから，今週とり組んだ活動を1つ選んでください。この活動を「活動」欄に書き込んでください。その活動がどのカテゴリー（例えば，ソーシャル，仕事，健康，余暇，スピリチュアリティ，その他）に該当するかを記してください。もしその活動を達成するのにステップに分ける必要があれば，「どのように活動を行うか」欄にそのステップを記入してください。各ステップについて，困難度を0から10の数値で評定してください（0＝簡単，10＝最も難しい）。その後，週あたりの回数，曜日，時間帯，どのくらいの時間で，誰と行うかを文章内の空欄に書き込んでください。そして，1週間を通してその活動を実践し，活動の前後のポジティブ感情について0から10の数値で評定してください（0＝最低，10＝最高）。さらに，その活動の前，中，後で気づいたポジティブ感情の種類を記入してください。

活動

どのように活動を行うか

ステップ	困難度（0-10）
1. _____	_____
2. _____	_____
3. _____	_____
4. _____	_____
5. _____	_____
6. _____	_____
7. _____	_____
8. _____	_____

カテゴリー

□ ソーシャル　□ 余暇

□ 仕事　　　　□ スピリチュアリティ

□ 健康　　　　□ その他

ホームワークとして，私はこの活動を，今週 _____ 回, _____（月，火，水曜日など），_____（午前，午後，夜）に, _____（秒，分，時間), _____ と（該当する場合，名前）行う。

ホームワーク#	前のポジティブ感情（0-10）	後のポジティブ感情（0-10）	ポジティブ感情の種類
1	_____	_____	_____
2	_____	_____	_____
3	_____	_____	_____
4	_____	_____	_____
5	_____	_____	_____
6	_____	_____	_____
7	_____	_____	_____

トラブルシューティング

やる気が起きないときは？

やる気が起きないことは，アンヘドニア症状だけでなく，不安・うつ・ストレスの症状でもあります。ただ，ほんのわずかでもポジティブな活動をやりたいという感じがあるなら，それはすでにできているということでもあります！　残念ながら，行動しなくなればなるほど，行動するのがむずかしくなります。慣性の第一法則を思い出してください。活動的でない状態が続くと，すでに活動しているときよりも，活動するのがずっとむずかしくなります！　走りはじめるよりも，走り続けるほうがずっと簡単です。「そうなるまで，そのふりをしてみよう」という諺を聞いたことがありますか？　この言葉通りです。やる気が起きない，やりたくないことにとり組むことが，気分を高める最もよい方法なのです。

ポジティブな出来事にとり組むのが大変です

まさにそうでしょう。アンヘドニアを抱える多くの人が同じようにつらくなっておられます。以下を試してみることをお勧めします。まず，出来事を具体的に挙げて，それをはばむ壁となることを書き出してみましょう。そして，以下のどれかに当てはまるかを確認してみましょう。

むずかしすぎる：活動がむずかしいことが壁になっている場合，その活動を小さな，とり組みやすいステップにわけるか，もっと簡単な活動からはじめてみましょう。

怖すぎる：楽しめないのではないかという恐怖感が壁になっている場合，その恐怖感を裏づける根拠があるかどうかを自分に問いかけてみてください。根拠がないようでしたら，その活動が楽しいかをまずは試してみましょう。その活動にとり組む前後のポジティブ感情を確認しましょう。

気分が改善されなかった：過去にその活動を試して，気分がよくならなかった経験がある場合，（1）別の活動を選ぶ，（2）なぜその活動が楽しめなかったのかを考える，（3）その活動が楽しいかどうかを再度試してみることを検討してみましょう。

やる気が起きない：やる気が起きないことが壁である場合，ポジティブな出来事のスケジュールが気分の改善に役立つ理由を思い出してください。次のような質問を自分に投げかけてみましょう。「楽しい活動をすることのメリットは何だろう？」，「楽しい活動にとり組まないことが，自分にどんな影響を与えているか？」。ポジティブな出来事を積極的にとり組むことの長所と短所をリストアップしましょう。

モジュール2　PATのスキルセット

> **やり終えてもポジティブ感情が高まらない**：活動中に気が散ったり，心が上の空だったりしていませんか？　もしそうなら，ポジティブな結果に気づきにくいでしょう。ポジティブな活動にとり組んでいるときは「その瞬間にいる」（＝マインドフルになる）よう心がけましょう。また，自分に厳しくしすぎないようにしましょう。思いやりをもち，行動を変えることはむずかしく，時間と練習が必要なことを忘れずにいてください。

瞬間をあじわう

　これまでは，「もとめる」と「あじわう」に注目してきました。次は「まなぶ」にとり組みます。1つ例を挙げて考えてみましょう。あなたは，ポジティブな活動として，「一人暮らししている娘のもとを訪ねる」を選びました。エクササイズの進め方に従って，その活動をとり組みやすいステップにわけたとします。すなわち，娘に電話して日程調整をする，航空券とホテルを予約する，美味しい食事を一緒にするためのレストランを予約する，荷物をパッキングするなどのステップにわけて，実践しました。さらに，それぞれの実践の前後で気分を評定して，ポジティブ感情が高まっていることに気づきました。

　ではここで，過去にタイムワープしてみましょう！　心の中で，実践した出来事を思い描き，特にポジティブで報酬を感じている瞬間（例えば，娘が空港まで迎えに来てくれた瞬間）に焦点を当ててみます。その瞬間を思い描いて現在形で語りましょう。書き出してみてもよいですし（図5.6の例を参照），目を閉じて心の中で静かに話したり，声に出したりしても構いません。録音するのもよいでしょう。今この瞬間にとどまり，自分が体験していることにしっかりと目を向けましょう。このためのよい方法は，五感に目を向けることです。何を感じましたか？　聞こえますか？　あじわいは？　その出来事をどれだけ鮮明に思い描けますか？　私たちは，このエクササイズを「**瞬間をあじわう**」と呼んでいます。

　なぜ瞬間をあじわうことが大切なのでしょうか。報酬体験をふり返ってあじわうことで，その活動や出来事をしっかりと認めて，これまで見過ごしたり否定していたかもしれない，その活動のポジティブな側面や感情についての体験を深めます。その記憶を思い描いて語るときに，その活動の最もポジティブな側面に焦点を当てて再体験し，活動とポジティブ感情の関係をしっかりと学べます。この学習によって，ネガティブ体験よりもポジティブ体験に興味がわき，このむようになります。そして，ポジティブ感情や，ポジティブな活動の積極的なとり組みがゆくゆく増えていきます。

　研究によると，人は正に強化されたこと（報酬）を行う傾向があります。報酬を探し出すためには，何度もくり返し行って，どんな報酬であったのかを思い出さなくてはなりません。残念なことに，気分が落ち込んでいるとき，私たちの脳はポジティブな出来事であっても，そのネガティブな側面に注目して思い出す傾向があります。**瞬間をあじわう**エクササイズを用いて，ポジティブ感情の体験を深めます。このようにあじわいながら語るエクササイズは，楽しいと感じている瞬間をしっかりとあじわうのを助け，行動による達成とポジティブ感情との関係を

50

第5章　ポジティブへと行動する

瞬間をあじわう

エクササイズの進め方：今週のポジティブな活動または出来事を見つけ，それについて記録してください。その出来事について，見たこと，聞いたこと，感じたこと，考えたこと，嗅いだこと，味わったことを頭の中で思い返して語りましょう。思い返して語る前後のポジティブ感情について，0から10の数値で評定してください（0＝最低，10＝最高）。また思い返して語ったときの鮮明度を評定してください（10＝最も鮮明）。そして，あなたが気づいたポジティブ感情や他の反応（例えば，思考，身体感覚）を記入してください。

出来事	前のポジティブ感情（0-10）	後のポジティブ感情（0-10）	鮮明度（0-10）	ポジティブ感情の種類	反応（思考，身体感覚）
娘の車の中で	4	7	8	愛情，誇らしさ	温かい，笑顔，「私は娘を愛している」
サムとの夕食	2	4	6	つながり感 楽しい	くすくす笑う，「サムは面白い」

図 5.6　ジョイの「瞬間をあじわう」

強めて，短期的・長期的に影響を及ぼします。どの活動がポジティブ感情をもたらすのかについて，しっかりと理解していきましょう。

エクササイズ 5.6「瞬間をあじわう」

あなたの番です！　週の終わりごとに，とり組んだ活動から 1〜2 つを選んで，「瞬間をあじわう」を練習して，エクササイズ 5.6 のエクササイズ用紙に記入しましょう。

このエクササイズでは，活動中に体験した思考・感情・身体感覚などを，できるだけ詳細に注意深く観察していきます。最初に目を閉じて，その活動について考えることをお勧めします。その後，その体験のポジティブな側面について現在形で詳しく記しましょう。以下の質問を活用しましょう。

・どのようにして，ポジティブ感情を体験していると気づきますか？
・どのような身体感覚がありましたか？
・どのような考えが浮かびましたか？
・どのようなポジティブ感情を体験しましたか？

51

モジュール2 PATのスキルセット

エクササイズ5.6 瞬間をあじわう

瞬間をあじわう

エクササイズの進め方：今週のポジティブな活動または出来事を見つけ，それについて記録してください。その出来事について，見たこと，聞いたこと，感じたこと，考えたこと，嗅いだこと，味わったことを頭の中で思い返して語りましょう。思い返して語る前後のポジティブ感情について，0から10の数値で評定してください（0＝最低，10＝最高）。また思い返して語ったときの鮮明度を評定してください（10＝最も鮮明）。そして，あなたが気づいたポジティブ感情や他の反応（例えば，思考，身体感覚）を記入してください。

出来事	前のポジティブ感情 (0-10)	後のポジティブ感情 (0-10)	鮮明度 (0-10)	ポジティブ感情の種類	反応 (思考，身体感覚)
＿＿＿	＿＿＿	＿＿＿	＿＿＿	＿＿＿	＿＿＿
＿＿＿	＿＿＿	＿＿＿	＿＿＿	＿＿＿	＿＿＿
＿＿＿	＿＿＿	＿＿＿	＿＿＿	＿＿＿	＿＿＿
＿＿＿	＿＿＿	＿＿＿	＿＿＿	＿＿＿	＿＿＿
＿＿＿	＿＿＿	＿＿＿	＿＿＿	＿＿＿	＿＿＿

・その体験の前後でポジティブ感情はどう変化しましたか？

・ポジティブ感情と活動がどう関係しているのかについて，何か学びがありましたか？

・その体験を思い返して語ることは，ポジティブ感情にどのような影響を与えましたか？

・その体験を書き出した後のポジティブ感情は何点ですか（0〜10）？　前後で変化しましたか？

　どの活動がポジティブ感情をもたらすのかという「まなび」を深めるために，楽しい活動をした後に，ホームワークではなくとも，気軽に**「瞬間をあじわう」**を練習することをお勧めします。

52

トラブルシューティング

瞬間をあじわうことが，どう役立つのでしょうか？

　その記憶を詳細に思い返して語ることで，その活動のポジティブな面を再体験し，活動とポジティブ感情の関係をしっかり学べます。これにより，その瞬間をよりいきいきと思い出せるようになり，その活動にますます興味がわくようになります。

なぜその瞬間にとどまれないのでしょうか？

　過去を後悔し未来に不安を感じているときは，集中し続けるのがむずかしいかもしれません。ヨガや瞑想のように，今この瞬間にとどまることはむずかしいことです。最初は気が散ったり，少しイライラしたりするかもしれません。ゆっくりと，自分が感じていることをしっかりイメージしてみてください。思い返して現在形で語ることを続け，ポジティブ感情ダイヤル（エクササイズ 4.2）にある言葉をできるだけ多く使うようにしてください。わざとほほえんだり，目を閉じたり，腕を組まないようにしたり，手を開いたりするのも効果的です。ボディランゲージを変えるだけでも，その瞬間にとどまりやすくなり，ポジティブ感情につながりやすくなります。どのようなスキルでも，練習を重ねることが上達につながります。ポジティブ体験が，どんな感情・思考・行動を引き起こすのかに注目して，その体験を詳しく書いてみましょう。自分がポジティブ感情を体験していることを，どのようにして気づくかと自分に問いかけてみましょう。

第6章

ポジティブに目を向ける

ポジティブに目を向ける大切さ
全体像：ポジティブに目を向ける
銀の光を見つける
自分のものにする
ポジティブを思い描く
ポジティブへと行動し，ポジティブに目を向ける

ポジティブに目を向ける大切さ

　第2のスキルセットでは，思考に働きかけます。ここで焦点を当てていることは，ポジティブな結果をイメージして思い描く力を高め，ポジティブなことに気づき，それに感謝し，自分の行動がポジティブな結果にどうつながるかを学ぶことです。第4章で説明した感情サイクルを覚えているでしょうか。思考・行動・身体感覚はすべてつながっています。これまでの数週間は行動を変えることにとり組んできましたが，今度は思考に焦点を当てましょう。思考・信念・解釈は，私たちの**感じ方**に影響します。ここで，1つの例を見てみましょう。

　ジョイは上司から「オフィスに来るように」とメールを受け取りました。ジョイはこのメールの意味を，以下のいずれかだと解釈しました（1つ選んでください）。

1. クビになる
2. 褒められる
3. 給料が上がる
4. 働き方を批判される

　ネガティブな選択肢を選びましたか？　もしそうであれば，ご安心ください！　あなたの心は，長い間，ネガティブな思い込みに流されてきたのでしょう。これから，その思い込みを変えることにとり組んでいきます。
　それぞれの解釈の後に続いて生じる感情は，次のうちどれでしょうか？

1. 誇らしい
2. 不安
3. うれしい
4. 怒り

　ネガティブな解釈がネガティブな感情につながり，ポジティブな解釈がポジティブな感情につながることに気づくでしょうか。このスキルセットでは，ポジティブな感情をより多く経験するために，心をポジティブな方向にシフトさせていきます。

　その次に学ぶスキルセットでは，よりバランスをとりながらポジティブな思考を増やしていきます。ポジティブな考えが多くなれば，ポジティブに感じることが増えます。これから学ぶスキルは，すでに存在しているポジティブな面に気づく助けとなるでしょう。

全体像：ポジティブに目を向ける

　ポジティブな出来事に気づいて，それを認めることがむずかしい人がいます。「自分にはよいことなんて起きない」と呟いている自分自身に気づいたことはないでしょうか。ポジティブな出来事が起きても，それを否定したり，気づかなかったりしていないでしょうか。例えば，褒められたとしても，「それは本心ではない」と否定していないでしょうか。あるいは，自分が成しとげたことを否定して，その代わりに失敗ばかりに注意を向けていないでしょうか。このような傾向があると，ポジティブなことに気づいたり，認めたりすることがむずかしくなります。

　ポジティブな出来事を自分のもの（自分のおかげで起こったこと）としてとらえることがむずかしい人もいます。ポジティブな結果を導いたのは自分自身ではなく，誰か，何か（例えば，運）のおかげに違いない，と思うことはないでしょうか。自分によいことが起こるのは他人のおかげだと思い込む人もいます。最後に「自分のおかげでできた」と思ったのはいつでしょうか？　PATではポジティブな出来事に目を向け，それを自分のものにしていきます。

　加えて，将来ポジティブな出来事が起こることをイメージしたり，予想したりできないかもしれません。アンヘドニア状態にある人は，他の人と比べてそのような傾向があります。ネガティブな出来事がこれからたくさん起こるだろうと想像していないでしょうか？　そうイメージすると，どのような気持ちになりますか？

　本章では，起こった出来事のポジティブなところに気づき，**銀の光を見つける**と**自分のものにする**スキルを用いてしっかりと認める（あじわう）練習をして，「**自分のものにする**」という自分の努力とポジティブな結果のつながりを学ぶ練習をします（まなぶ）。また，**ポジティブを思い描く**という，将来によいことが起きることを想像し思い描く練習もします（もとめる）。

　私たちの脳は筋肉のようなものです。筋肉を使えば使うほど，何かがよりよくできるようになります。これはすなわち，脳を筋肉のように鍛え，強化できることを意味します。本章では，ポジティブなことに目を向けるように，心のトレーニングをはじめます。

　どのようにしたら筋肉は鍛えられるでしょうか？　そうです！　練習あるのみです。練習を

すればするほど，筋肉は強くなります。年に一度だけウェイトリフティングをして筋肉が強くなりますか？　月に1回？　週に1回？　毎日ならどうでしょう？　ポジティブに目を向けられるように脳を鍛えたいのであれば，週に何度も練習する必要があります。

どのようにしたらポジティブに目を向けられるでしょうか。まずは，アンヘドニア状態にある人が陥りやすい思考の罠について学び，その後，ポジティブに目を向けるための3つのスキルを学びましょう。

- 第1の思考の罠は，ポジティブなことがあってもそれを認識できないことです。そこで，出来事のなかの**銀の光を見つける**方法を学びます。過去と現在の状況について，少なくとも1つのポジティブな面を見つける練習をします。
- 第2の思考の罠は，ポジティブな出来事を「自分のもの」としないことです。自分がどのような貢献をしたかを挙げる，という練習をします。
- 第3の思考の罠は，「将来起きる出来事がネガティブな結果になる」という思い込みです。これに対して，将来の出来事をよりポジティブにイメージする，という練習をします。

アンヘドニア状態にある人は，「ポジティブなことに注意が向きすぎると，ネガティブなことに備えられなくなるのではないか」と考える人もいます。このプログラムはネガティブな思考を標的にはしません。しかし，私たちの研究によると，ポジティブな考えを増やすことで，間接的にネガティブなことに備えられるようにもなることがわかっています。

PATでは，将来の計画を立てることを大切にします。将来について考えることが心配することだけを意味するようになってしまうと，将来についてのバランスのとれた見方がさまたげられて問題になってしまいます。PATでは，よりポジティブに考えるための筋肉をつけることで，（ネガティブな思考ではなく）全体的にバランスのとれた思考ができるようにします。[*1]

銀の光を見つける

「どんな雲にも銀の裏地がある（every cloud has a silver lining）」という諺は，「どんな状況にもポジティブな面がある」という意味です。あらゆる状況で銀の光があると信じることは，楽観的で，非現実的だと思えるかもしれません。ただ，これはアンヘドニア状態にある人によくみられる信念でもあります。新しい考え方は慣れないと最初は奇妙に感じられるし，役立つとは思えないかもしれません。しかし，練習によって，新しい考え方はより自然になっていき，古い考えの罠（ポジティブなことに気づくことがむずかしい）が少なくなっていきます。

---

*1　将来のことについてネガティブなことばかりを考えてしまうと，ネガティブな側面ばかりに注意が向いてしまいます。そうすると，さまざまなチャンスや工夫を柔軟に思いつくことがむずかしくなります。そのため，ポジティブな可能性を想像することによって，将来をより広くさまざまな可能性まで含めて考えられて，結果としてはよりしっかりと備えられることにつながると考えられます。

銀の光を見つけるというのは，ある出来事から少なくとも1つのプラスの面を見つけることです。銀の光に気づけるようになると，「ほとんどの出来事にはポジティブな面があることや，多くの出来事がほとんどポジティブであること」を脳が自ずと学んでいきます。

「ポジティブな筋力」を鍛えるために，各エクササイズで銀の光を見つけていきます。（エクササイズ6.1「銀の光を見つける」（60ページ）参照）。これは，スキルを強化する訓練です。筋トレと同じように，負荷をかけて行っていきます。筋肉をつけるために，何度もくり返し，負荷をかけて運動するのと同じです。しかし，いったん筋肉がついてしまえば，そんなに激しい運動を続ける必要はありません。

> ある出来事や日常の物事のポジティブな面に気づき，認めることで，ポジティブ感情が高まります。

以下は，フェリックスの例です。

　　　フェリックスにはボビーという友人がいます。昨日ボビーは，フェリックスが求人に応募するための履歴書作成を手伝ってくれました。履歴書作成は，フェリックスの熟達感を高める活動の1つです。ただ，ボビーが添削すると書類は赤インクまみれになってしまい，2人は1時間もかけて書式や内容の修正をくり返しました。さて，この出来事のどこに銀の光があるでしょうか？　言い換えれば，この出来事のポジティブな面は何でしょうか？　いくつか候補がありますね。

・履歴書の書き方やフォーマットをよく理解できた。
・ボビーと実りある会話をした。
・時間をかけてフィードバックしてくれたのは，ボビーがフェリックスの成功を望んでいる証拠である。
・応募書類の提出に向けて一歩前進した。
・気分がよくなり，生産的な活動ができて，誇りすら感じた。

図6.1は，フェリックスが記入した**銀の光を見つける**用紙の例です。

以下は，ジョイの例です。

　　　数日前，ジョイ夫妻は，友人夫婦を家に招いてディナーをしました。少し前まで，ジョイはディナーをとても楽しみにしていました。夕食会は，ジョイのポジティブな活動の1つでした。ただ，今回は，メインディッシュを焼きすぎてしまったし，隣人宅でも集まりがあって騒がしかったのです。ジョイはそういったネガティブな面に注意が向いてしまい，ポジティブな面に完全に目が向かなかった可能性があります。この出来事のどこに銀の光があるでしょうか？　いくつか候補がありますね。

モジュール 2　PAT のスキルセット

銀の光を見つける

エクササイズの進め方：練習日時を記入してください。次に，ポジティブ，ネガティブ，または
ニュートラルな状況を決め，その状況のポジティブな面（少なくとも 6 つ）を見つけて「銀の光」
の欄に記入します。また，練習前後のポジティブ感情を 0 から 10 の数値で評定してください（0
＝最低，10 ＝最高）。練習前や練習中，練習後に経験したポジティブ感情も記入してください。毎
日 1 つのエクササイズを行いましょう。

練習日時：　　　　10 月 10 日，午後 4 時

状況：　　　　私が書いた履歴書があちこち修正された

銀の光：

1.　　履歴書の書き方がわかった

2.　　役に立つ会話であった

3.　　多くのことを学んだ

4.　　ボビーが時間をたっぷりかけてフィードバックしてくれた

5.　　履歴書のフォーマットがわかった

6.　　就職に近づいた

練習前の ポジティブ感情 (0–10)	練習中の ポジティブ感情 (0–10)	練習後の ポジティブ感情 (0–10)	ポジティブ感情の種類
2		5	生産性，誇らしさ

図 6.1　フェリックスの「銀の光を見つける」

・ 長い間会っていなかった友人に会えた。

・ 新しいレシピや，今後に向けての改善点を学んだ。

・ 友人たちもジョイも楽しそうであった。

・ 自分で決めた目標を達成し，それに満足した。

図 6.2 は，ジョイが記入した**銀の光を見つける**用紙の例です。

エクササイズ 6.1「銀の光を見つける」

　　次は，あなたの番です！　エクササイズ 6.1「銀の光を見つける」を使って，あな
たの 1 週間の出来事を記入してください。ポジティブ，ニュートラル，ネガティブに

第 6 章　ポジティブに目を向ける

銀の光を見つける

エクササイズの進め方：練習日時を記入してください。次に，ポジティブ，ネガティブ，または
ニュートラルな状況を決め，その状況のポジティブな面（少なくとも 6 つ）を見つけて「銀の光」
の欄に記入します。また，練習前後のポジティブ感情を 0 から 10 の数値で評定してください（0
＝最低，10 ＝最高）。練習前や練習中，練習後に経験したポジティブ感情も記入してください。毎
日 1 つのエクササイズを行いましょう。

練習日時：　　　　　6 月 14 日，午後 8 時

状況：　　　　　友人をディナーに招待したが，メインディッシュを焼きすぎて

　　　　焦がしてしまった

銀の光：

1.　　　しばらく会っていない友人と一緒に過ごせた

2.　　　新しいレシピで料理の作り方を学んだ

3.　　　次はどのようにしたら間違えないかわかった

4.　　　友人たちも楽しそうだった

5.　　　少しの間だったが普段よりも笑っていた

6.　　　友人たちとの時間を過ごすという目標を達成した

練習前の ポジティブ感情 (0–10)	練習中の ポジティブ感情 (0–10)	練習後の ポジティブ感情 (0–10)	ポジティブ感情の種類
5		7	喜び，誇らしさ，つながり

図 6.2　ジョイの「銀の光を見つける」

感じられる状況を選んで，そこでの銀の光を見つけてください。心をオープンにして
みましょう。思いつくままに書き出すのもよいでしょう。ばかげていることや，些細
なポジティブでもよいのです。ここでの目標は，たとえその状況がネガティブなもの
であったとしても，ポジティブを見つけることにあります。ポジティブな面を見つけ
られるように，脳をトレーニングします。少なくとも 6 つ，ポジティブな面を見つけ
てください。

　1 日に 1 回，練習してください。状況（ポジティブ，ネガティブ，ニュートラル）
を選んで，その状況の銀の光（ポジティブな面）を少なくとも 6 つ考えてください。
ジョイとフェリックスと同じように，その状況を上の欄に書いた後，その下に「銀の
光」を記入してください。30 ページにあるエクササイズ 4.2「ポジティブ感情ダイヤ
ル」を使って感情を言葉にしましょう。

59

モジュール2　PATのスキルセット

エクササイズ6.1　銀の光を見つける

銀の光を見つける

エクササイズの進め方：練習日時を記入してください。次に，ポジティブ，ネガティブ，またはニュートラルな状況を決め，その状況のポジティブな面（少なくとも6つ）を見つけて「銀の光」の欄に記入します。また，練習前後のポジティブ感情を0から10の数値で評定してください（0＝最低，10＝最高）。練習前や練習中，練習後に経験したポジティブ感情も記入してください。毎日1つのエクササイズを行いましょう。

練習日時：＿＿＿＿＿＿＿＿＿＿＿＿＿＿＿＿＿＿＿＿＿＿＿

状況：＿＿＿＿＿＿＿＿＿＿＿＿＿＿＿＿＿＿＿＿＿＿＿＿＿＿＿＿＿＿＿＿＿＿＿
＿＿
＿＿

銀の光：

1. ＿＿＿＿＿＿＿＿＿＿＿＿＿＿＿＿＿＿＿＿＿＿＿＿＿＿＿＿＿＿＿＿＿＿
2. ＿＿＿＿＿＿＿＿＿＿＿＿＿＿＿＿＿＿＿＿＿＿＿＿＿＿＿＿＿＿＿＿＿＿
3. ＿＿＿＿＿＿＿＿＿＿＿＿＿＿＿＿＿＿＿＿＿＿＿＿＿＿＿＿＿＿＿＿＿＿
4. ＿＿＿＿＿＿＿＿＿＿＿＿＿＿＿＿＿＿＿＿＿＿＿＿＿＿＿＿＿＿＿＿＿＿
5. ＿＿＿＿＿＿＿＿＿＿＿＿＿＿＿＿＿＿＿＿＿＿＿＿＿＿＿＿＿＿＿＿＿＿
6. ＿＿＿＿＿＿＿＿＿＿＿＿＿＿＿＿＿＿＿＿＿＿＿＿＿＿＿＿＿＿＿＿＿＿

練習前の ポジティブ感情 (0-10)	練習中の ポジティブ感情 (0-10)	練習後の ポジティブ感情 (0-10)	ポジティブ感情の種類

トラブルシューティング

ポジティブなことが1つも思いつきません！

　先ほど挙げた例を復習してみましょう。サプライズの誕生日パーティーや晴れた日の散歩など，本来ポジティブである出来事から練習をはじめて，その状況の銀の光を見つけ出してください。このスキルは練習が必要なものですので，それを忘れないでください。ニュートラルやネガティブな出来事ではなく，ポジティブな出来事からはじめることで，練習の仕方に慣れやすくなります。ポジティブな面を見つけるのがむずかしいというその状態は，このスキルを身につけるために正しい練習ができている，ということなのです！

> **トラウマはどうでしょうか？ トラウマティックな出来事には銀の光がありますか？**
> 　銀の光を見つけるスキルは，ストレスフルな出来事（大規模な自然災害，病気，失業など）にも応用できます。しかし，銀の光を探すことが役立たないようなひどい出来事もあります。トラウマもその1つです。トラウマ体験を語ることは，かなりの感情的な苦痛を生じさせる可能性があり，このスキルの範囲を超えています。ポジティブな面を見つけることは大半のストレスからの回復に役立ちますが，このスキルをトラウマに適用することは，専門家の助けなしに行うにはあまりにもむずかしく，複雑すぎます。そのため，銀の光を見つけるスキルを適用する前に，専門家の支援を受けることをお勧めします。そしてPATでは，過去のトラウマではなく，他の出来事に焦点を当てましょう。それでも，トラウマがあってもその後に信じられないような成長をする人もいます（これは心的外傷後成長／posttraumatic growthと呼ばれます）。心的外傷後成長に気づくことは，銀の光を見つけることの一例でしょう。

自分のものにする

　次に学ぶスキルは，**自分のものにする**です。人生で起こるポジティブな出来事を自分のものにすることは，その出来事の存在に気づき，認めることと同じくらいに大切です。ポジティブな出来事を認識する前に，まず自分がポジティブなものごとに影響を与えたり，作用できると思えなくてはなりません。アンヘドニア状態にある人は，ポジティブな出来事が起こったことを「自分のおかげである」と考えにくいところがあります。自分がした貢献を**自分のものとする**ことで，誇らしさや熟達感，幸せ，興味関心，興奮，成功，尊敬，気楽さといった感情を感じられるようになります。また，自分の活動とポジティブな結果との関連を学ぶのにも役立ちます。さらに，このスキルは人生をポジティブに築いていくための青写真にもなります。

> 自分の貢献を自分のものとすることで，誇らしさ，熟達感，興奮，気楽さといったポジティブ感情を感じられるようになります。

　以下は，ジョイの例です。

　先週，ジョイは夫のサプライズ誕生日パーティーを企画しました。彼女は他の家族にも手伝ってもらい，ケータリングや余興を業者にお願いしました。彼女は，他の人がしてくれたあらゆる作業を認識して感謝していましたが，自分自身の貢献については目を向けていませんでした。自分のものとするスキルを使って，彼女は以下に気づきました。

モジュール2　PATのスキルセット

> **自分のものにする**
>
> **エクササイズの進め方**：練習日時を記入してください。ポジティブな状況を決め，その状況のポジティブな面（少なくとも6つ）を見つけて「自分のものにする」の欄に記入します。また，練習前後のポジティブ感情を0から10の数値で評定してください（0＝最低，10＝最高）。練習前や練習中，練習後に経験したポジティブ感情も記入してください。毎日1つのエクササイズを行いましょう。
>
> 練習日時：　　　　6月23日，午後2時
>
> 状況：　　　　夫のサプライズパーティーをした
>
> **自分のものにする：**
>
> 1.　　それを開催するのは私のアイデアだった
> 2.　　私がパーティーをまとめた
> 3.　　私がすべての業者を手配した
> 4.　　みんなが来れるように招待した
> 5.　　夫には秘密にしていた
> 6.　　子どもたちにも説明をして手伝ってもらった
>
> | 練習前の
ポジティブ感情
(0–10) | 練習中の
ポジティブ感情
(0–10) | 練習後の
ポジティブ感情
(0–10) | ポジティブ感情の種類 |
> |---|---|---|---|
> | 4 | | 7 | 愛情，昂ぶり，誇らしさ |

図6.3　ジョイの「自分のものにする」

- ケータリングと余興を依頼したこと。
- 夫の友人をパーティーに招待したこと。
- 夫が到着するそのときまで，パーティーを秘密にしていたこと。

この練習の後，ポジティブ感情は4点から7点に上がりました。

図6.3は，ジョイが記入した**自分のものにする**用紙の例です。

第6章　ポジティブに目を向ける

エクササイズ6.2　自分のものにする

自分のものにする

エクササイズの進め方：練習日時を記入してください。ポジティブな状況を決め，その状況のポジティブな面（少なくとも6つ）を見つけて「自分のものにする」の欄に記入します。また，練習前後のポジティブ感情を0から10の数値で評定してください（0＝最低，10＝最高）。練習前や練習中，練習後に経験したポジティブ感情も記入してください。毎日1つのエクササイズを行いましょう。

練習日時：＿＿＿＿＿＿＿＿＿＿＿＿＿＿＿＿＿＿＿＿

状況：＿＿＿＿＿＿＿＿＿＿＿＿＿＿＿＿＿＿＿＿＿＿＿＿

＿＿＿＿＿＿＿＿＿＿＿＿＿＿＿＿＿＿＿＿＿＿＿＿＿＿＿＿＿＿

＿＿＿＿＿＿＿＿＿＿＿＿＿＿＿＿＿＿＿＿＿＿＿＿＿＿＿＿＿＿

自分のものにする：

1. ＿＿＿＿＿＿＿＿＿＿＿＿＿＿＿＿＿＿＿＿＿＿＿＿＿
2. ＿＿＿＿＿＿＿＿＿＿＿＿＿＿＿＿＿＿＿＿＿＿＿＿＿
3. ＿＿＿＿＿＿＿＿＿＿＿＿＿＿＿＿＿＿＿＿＿＿＿＿＿
4. ＿＿＿＿＿＿＿＿＿＿＿＿＿＿＿＿＿＿＿＿＿＿＿＿＿
5. ＿＿＿＿＿＿＿＿＿＿＿＿＿＿＿＿＿＿＿＿＿＿＿＿＿
6. ＿＿＿＿＿＿＿＿＿＿＿＿＿＿＿＿＿＿＿＿＿＿＿＿＿

練習前の ポジティブ感情 （0-10）	練習中の ポジティブ感情 （0-10）	練習後の ポジティブ感情 （0-10）	ポジティブ感情の種類
＿＿＿＿＿	＿＿＿＿＿	＿＿＿＿＿	＿＿＿＿＿＿＿＿

エクササイズ6.2「自分のものにする」

　　次は，あなたの番です！　エクササイズ6.2「自分のものにする」の用紙を使って，この1週間にあったポジティブな状況を1つ取り上げ，その状況に対して自分自身が貢献したことをすべて考えてください。貢献したことを書き出したら，それをゆっくりと声に出して読み上げてください。そして，その1つ1つにじっくりと向き合い，感じてください。そうすると，どのような感情に気づきますか？　誇らしさや熟達感，満足感や気楽さのような感情でしょうか？　また，身体ではどう感じますか？　身軽さ，興奮，温かさなどでしょうか？　30ページにあるエクササイズ4.2「ポジティブ感情ダイヤル」を使って感情を言葉にしましょう。

　　1日に1回，練習してください。

モジュール2　PATのスキルセット

トラブルシューティング

自分の人生にはポジティブな出来事がありません

「自分の人生にはポジティブな出来事がない」と思っている人は，ポジティブな活動や銀の光を見直してみましょう。これまでとり組んだポジティブな活動，見つけてきた銀の光の1つ1つに，このスキルが使えます。うまくとり組めているという感覚（熟達感）につながるポジティブな活動（アパートの掃除やプロジェクトが完了したことなど）は，**自分のものにする**にうってつけの状況です！　こうした状況は，ポジティブな感情を高めるために，まさに自分自身がとり組んだことで生まれた状況です。

ポジティブを思い描く

今度は，将来の出来事を**ポジティブに思い描く**スキルを身につけましょう。ネガティブなことをイメージすると，気分がネガティブになり，物事にとり組む意欲が下がったり，絶望感や失敗するだろうという考えが強まったりします。逆に，とり組む活動がポジティブになっていくことをイメージすると気分がよくなり，その活動や，他のポジティブな活動にとり組む意欲がわいてきます。

> 将来の**ポジティブな出来事を思い描く**ことで，ポジティブな出来事を予想できるように脳を鍛えられます。

第5章の「ポジティブな活動の計画」に記入されたジョイの例を見てみましょう。ジョイの記入した活動は，友達のサムにディナーを準備することでした。もしジョイが料理を焦がしたり，友達が直前になってドタキャンするといった，ネガティブな結果をイメージしていたら，ジョイはどのような気持ちになっていただろうか想像してみてください。正解です！　ジョイは計画する前から，挫折や不安を感じていたことでしょう。ネガティブな結果をイメージすることは，ジョイの行動にどう影響するでしょうか？　おそらくやる気がなくなったり，やりとげることの意欲が下がっていったことでしょう。もしかしたら，ディナーをキャンセルしていたかもしれません。もし彼女が意図的にポジティブな結果をイメージすることに集中したら，彼女の意欲や思考や感情はどう変わったでしょうか？　正解です！　彼女はもっと気楽になり，楽しさを感じ，ディナーを準備するエネルギーがわいてきたことでしょう。

このまま続けて，ジョイの例をみてみましょう。

友人のサムとのディナーを準備する前に，ジョイはディナーのポジティブな結果

64

ポジティブを思い描く

エクササイズの進め方：起こり得そうな将来の出来事を決めます。最も起こり得そうな結果に関わる将来の出来事を記入します。それが，まるで今起きているかのように（現在形を使いながら），感情，思考，物理的な感覚（視覚，嗅覚，聴覚など）を詳しく書いてください。

> サムが到着する前，午前5時，空は晴れていて温かいです。それは，私のお庭でお花に囲まれながらピタをディナーに食べ，新しいハーブを見せていることを意味しています。私はわずかに心がときめき，顔がほほえんでいることを感じています。私たちは早々と食事を終えることもできますが，ラザニアがオーブンに残ったままでした。その香りはとてもよいものです。少し焦げた香りがしますが，それは私と夫が好きなカリカリのチーズがラザニアに乗っていたからです。サムは遅れて到着しましたが，温かい笑みを浮かべて私にあいさつとハグをしながら，「なんて，すばらしい香りなんだ」と褒めてくれます。それに「あなたのお庭もかわいくて素敵ね」とも褒めてくれます。私は，とても笑顔になっています。

今，鮮明にイメージしてください。練習前後のポジティブ感情を0から10の数値（0＝最低，10＝最高）で記入するとともに，ふり返ってみてそのイメージの鮮明さ（10＝非常に鮮明）を評定することを忘れずに行ってください。練習前や練習中，練習後に経験したポジティブ感情も記入してください。毎日1つのエクササイズを行いましょう。

練習前の ポジティブ感情 (0-10)	練習中の ポジティブ感情 (0-10)	練習後の ポジティブ感情 (0-10)	鮮明さ (0-10)	ポジティブ感情の種類
5		8	9	温かさ，誇らしさ，つながり

図6.4　ジョイの「ポジティブを思い描く」

をイメージすることに意図的に集中しました（ジョイは，その出来事の続きを頭の中でイメージし続けたり，書き留めたりしました）。この練習を終えると，ジョイはポジティブ感情が5点から8点に上がりました。彼女はこの一因として，ポジティブなことをできるだけ鮮明にイメージしたことと（10段階中9点），練習中に生じた温かさ，誇らしさ，つながりといったポジティブな感情に気づいたことを挙げていました。

図6.4はジョイの**ポジティブを思い描く**の実践例です。

以下は，フェリックスの例です。

フェリックスは，友人のメイソンに電話をかけて「コーヒーを飲みに行こう」と誘うことイメージをしました。思い描いているときに，思考・感情・身体感覚までも想像してみたところ，より鮮明なイメージになり，ポジティブ感情は3点から5点に上がりました。

モジュール2　PATのスキルセット

ポジティブを思い描く

エクササイズの進め方：起こり得そうな将来の出来事を決めます。最も起こり得そうな結果に関わる将来の出来事を記入します。それが，まるで今起きているかのように（現在形を使いながら），感情，思考，物理的な感覚（視覚，嗅覚，聴覚など）を詳しく書いてください。

友人のメイソンに電話をかけてコーヒーに誘おうとして，心臓がドキドキしています。しかし，これは健康的なステップであり，メイソンが私を気に入っているということを思い出すことができます。このようなポジティブな思考が電話をかけるモチベーションになります。数回呼び出し音が鳴ってからメイソンが電話に出ます。彼は「やあ，こんにちは。最近どうしてるの？　久しぶりだけど，声が聞けて嬉しいよ」と言いました。私はすっかり身体の緊張がほぐれ，「彼は私の電話を喜んでいるんだ」と考えています。私は彼がどうしているかを尋ね，なぜ電話をかけたかを話します。私の声は落ち着いて，メイソンは私の不安には気づいていないようです。メイソンはコーヒーに誘ってくれたことを感謝しています。メイソンも「自分も電話をしようとしていたんだ」と言っていました。私たちは詳しいことを話し合います。

- -

今，鮮明にイメージしてください。練習前後のポジティブ感情を0から10の数値（0＝最低，10＝最高）で記入するとともに，ふり返ってみてそのイメージの鮮明さ（10＝非常に鮮明）を評定することを忘れずに行ってください。練習前や練習中，練習後に経験したポジティブ感情も記入してください。毎日1つのエクササイズを行いましょう。

練習前の ポジティブ感情 （0-10）	練習中の ポジティブ感情 （0-10）	練習後の ポジティブ感情 （0-10）	鮮明さ （0-10）	ポジティブ感情の種類
3		5	6	安心感，昂ぶり

図6.5　フェリックスの「ポジティブを思い描く」

図6.5はフェリックスの**ポジティブを思い描く**の実践例です。

エクササイズ6.3「ポジティブを思い描く」

　次は，あなたの番です！　エクササイズ6.3「ポジティブを思い描く」をはじめる前に，ポジティブ感情を評定してください。例えば職場，家，家族や友人について，これからの数日で起きそうな状況を思い浮かべてください。その状況が実際に起こることをイメージして，そのイメージがおおよそポジティブであることを確認してください。その状況をできるだけ詳細に，あたかもリアルタイムで起こっているかのようにイメージしてください。ボックス6.1で紹介する視覚化スクリプトを使います。その状況のポジティブな面，すなわち目に浮かぶ光景や音，感覚や感情に注意を向けながら，そのイメージのなかで1シーンずつ進めてみてください。つまり，あなた自身の第一人称の視点から（遠くから観察しているのではなく），目の前で起こっている状況が移り変わっていくのを見るように思い描いてください。見える光景，聞こえる音，身

66

第6章　ポジティブに目を向ける

体の感じ，匂いや味まで詳細に書き込んでください。そのように詳細にイメージすることが，想像しイメージし思い描く力を限りなく高めていきます。1日に1回，練習してください。30ページにあるエクササイズ4.2「ポジティブ感情ダイヤル」を使って，感情を言葉にしましょう。

ボックス 6.1　ポジティブを思い浮かべるための視覚化スクリプト

　足を地面につけて，背筋を伸ばし，両手を膝の上に置き，楽な姿勢をとります。心地よければ，そっと目を閉じるか，膝の上に手を置きます。そのシーンがはじまるスタート地点の周囲のイメージを思い浮かべます。

　今いる場所をできるだけ鮮明にイメージしてください。周りに何が見えるかに気づきましょう。匂い……音……温度はどうでしょうか。よい香りに気づきますか？　自然の音や他の音に気づきますか？　暖かいですか，それとも涼しいですか？　心地よい風を感じますか？　少し時間をとって，周りの環境に気づいてみましょう。（間をとる）

　次に，今から起きる瞬間瞬間の身体の感覚に注意を移してください。感じとれる身体の反応は何でしょうか？　アドレナリンが出てくるのを感じますか？　緊張から解き放たれるでしょうか？　心臓が高鳴っていたり，ほほえんでいたりするでしょうか？　（間をとる）

　感じている感情は何でしょうか？　昂ぶりですか？　安らぎでしょうか？　喜びや興味，思いやりや関心でしょうか？　これらのポジティブな感情の1つを感じ，それがあなたの身体でどう感じられるかを想像してください。（間をとる）

　では，この未来の文脈（その出来事の流れ）における，ご自身の思考を見つけてください。それらをもっとポジティブにするにはどうしたらよいでしょうか。（間をとる）

　エクササイズ用紙に書き留めた出来事を，ゆっくりと辿っていきます。ポジティブな出来事を辿っていくなかで，ポジティブな思考・感情・身体感覚に気づく時間をとってください。（間をとる）

　未来の自分が今，どのような感情を抱いているかに気づいてください……今，どのような考えが浮かんでいるかにも気づいてください。（数分間行ってもよい）

　準備ができたらいつでもかまいませんので，そっと部屋に意識を戻して，目を開けてください。

　各エクササイズを行った後，イメージしていたときにどう感じたかをふり返ってください。イメージした後，ポジティブ感情が高まったかどうかに意識を向けましょう。ポジティブな結果をイメージすることと，ポジティブな感情になることの関係を考えてみましょう。心拍数が少し早くなっていることに気づくかもしれません。また，「これは現実ではないし，イメージしている結果は起こり得ないだろう」といったやっかいな思考に気づくかもしれません。ここでの

67

モジュール2　PATのスキルセット

エクササイズ6.3　ポジティブを思い描く

ポジティブを思い描く

エクササイズの進め方：起こり得そうな将来の出来事を決めます。最も起こり得そうな結果に関わる将来の出来事を記入します。それが，まるで今起きているかのように（現在形を使いながら），感情，思考，物理的な感覚（視覚，嗅覚，聴覚など）を詳しく書いてください。

- -

今，鮮明にイメージしてください。 練習前後のポジティブ感情を0から10の数値（0＝最低，10＝最高）で記入するとともに，ふり返ってみてそのイメージの鮮明さ（10＝非常に鮮明）を評定することを忘れずに行ってください。練習前や練習中，練習後に経験したポジティブ感情も記入してください。毎日1つのエクササイズを行いましょう。

練習前の ポジティブ感情 (0-10)	練習中の ポジティブ感情 (0-10)	練習後の ポジティブ感情 (0-10)	鮮明さ (0-10)	ポジティブ感情の種類
____	____	____	____	_____

　目標は結果を保証することではないことを思い出してください。実際にポジティブな出来事を起こそうとしているのではなく，代わりに，ポジティブな出来事を予想する「筋肉」を鍛えているのです。この筋肉がついてくると，素敵なビーチで過ごす1日から，世界的なリーダーになるといった壮大なことまでイメージできるようになるでしょう。ただ，この練習でとり組むときには，実際に実現する可能性が高い出来事をイメージするのがよいでしょう。

　もう1つよくあるものとして，「自分にポジティブな結果はふさわしくない」といった思考が出てくるかもしれません。くり返しますが，このスキルの目標は，（現実をどうにかしようとするのではなくて）イメージによってポジティブな感情を育むことにあります。

　ポジティブな出来事やその出来事のなかにあるポジティブな面をイメージすることによって，将来，実際にその場面でポジティブな面に注意を向けられるように脳が鍛えられることにもなります。公園を散歩するという例を使って説明すると，葉っぱの香り，足元の土を踏みしめた音，子どもたちの笑い声を鮮明にイメージすることで，実際に散歩をしているときにこうしたポジティブな要素に注意を向ける可能性が高まります。そしてまた，ネガティブではなくポジティブな出来事を予想できるようになると，実際にその行動にとり組む動機づけも高まります。

> ### トラブルシューティング
>
>
>
> **イメージする出来事がなかなか見つかりません**
> 　その場合は「ポジティブな活動リスト」をふり返って，1つ取り上げるとよいでしょう。
>
> **ポジティブに思い描くことは問題の解決策であるとは思えません**
> 　その通りです。これは問題の解決策では**ありません**。ポジティブな出来事をしっかりと認めて，より深く経験するスキルです。そうすることが自然になって，長期的にポジティブ感情が高まっていくスキルを身につけようとしているのです。

ポジティブへと行動し，ポジティブに目を向ける

　ポジティブに目を向けるスキルは，過去・現在・未来の出来事について，よりポジティブに考えるのに役立ちます。ポジティブなことに気づき，感じ，認め，そして学びを深められるようになります。つまり，自分の努力とポジティブな成果を結びつけられるようになっていきます。ポジティブに目を向けるスキルは，第5章で学んだポジティブな活動と組み合わせられたら最高です。ポジティブな活動を**自分のものにする**練習に取り入れるのは，自分の役割や考えをあじわって理解するのにうってつけです。**ポジティブを思い描く**ことで，やりたい楽しい活動を見つけやすくなり，計画を実行する動機づけが高まります。同じように，**銀の光を見つける**ことは，やってみても思ったより報酬を感じなかったときに役立つエクササイズです。銀の光を見つければ，「もう一度やる価値がある活動だ！」と思うかもしれません。思考と行動のスキルを組み合わせるのは，その瞬間をあじわう能力を高め，やる気を感じ，出来事を記憶する力を高めるすばらしい方法です。

第 7 章

ポジティブを積み重ねる

ポジティブを積み重ねる大切さ
思いやりいつくしむ
感謝する
与える
誰かの幸せを喜ぶ
全部ひっくるめて実践する：ポジティブへと行動し，目を向け，積み重ねる

ポジティブを積み重ねる大切さ

　思いやりいつくしむ，誰かの幸せを喜ぶ，感謝する，与えるといった行為は，世界で何世紀にもわたって実践されてきました。このうち，**感謝する**と**与える**は人間にとって普遍的な経験です。これらの実践がポジティブ感情とウェルビーイングを高め，ネガティブ感情を減少させることが科学によってくり返し示されています。これらの習慣を身につけることで，人とのつながりをより強く感じ，よりよい人間関係を築き，他の人のための行動をとるようになることを示すエビデンスもたくさんあります。

感謝する（gratitude）

　感謝するは感情ですが，行動や思考のスキルでもあります。感謝するとは，この世にあるポジティブなものに気づき，認め，そのありがたさを感じる行為です。科学者の中には感謝することを次のように定義している人もいます。

- 他者への感謝
- 自分がもっているものに目を向けること
- 美しさへの称賛
- 行動
- ポジティブなものへの気づき
- 自分の人生には限りがあることへの感謝

第7章　ポジティブを積み重ねる

・恵まれない人々との健全な比較

与える（generosity[*1]）

与えるは行動です。与える人ほど幸福感も高いことが科学的に示されています。実際に，ある研究では，お金を払うほうがお金をもらうよりも幸福度が高いという結果が出ています。しかし，与えることは物質的なものに限らず，例えば時間を費やすことも挙げられます（友人のタクシー代を払う代わりに，家まで送ってあげるなど）。ボランティアをする人は健康になり，長生きし，落ち込みの症状も少ないとされています。研究においても，ある人の**与える**行動は，他の人の寛大な行為をする可能性も高めることがわかっています。つまり，**与える**ことはポジティブ感情を高めるすばらしい方法なのです。

思いやりいつくしむ，誰かの幸せを喜ぶ

与えるや**感謝する**とは異なり，**思いやりいつくしむ**（*loving-kindness*）と**誰かの幸せを喜ぶ**（*appreciative joy*）は，東洋の宗教的な実践以外ではあまり知られていません。これらの実践は仏教に起源をもち，ポジティブ感情を増やし，ネガティブ感情を減らし，他者とつながっている感覚を高めることが示されています。**思いやりいつくしむ**は，他者や自分自身，そして世界に対してポジティブな思いを向けることで，愛情や優しさの感情を高める実践法です。**誰かの幸せを喜ぶ**は，他者の成功からポジティブ感情を生み出す練習です。

まとめると，ポジティブを積み重ねる練習は，ポジティブ感情を高めるための戦略です。**思いやりいつくしむ**と**誰かの幸せを喜ぶ**は，想像力とポジティブな思考を用いて，人間関係を改善し感情を変化させるスキルです。**感謝する**と**与える**は，気分を改善する行動と思考のスキルです。この4つのスキルの目標は，ポジティブなことに気づき，認める能力を高め（あじわう），与えたり受け取ったりする行為とポジティブな気分とのつながりを学ぶ（まなぶ）ことにあります。

思いやりいつくしむ（loving-kindness[*2]）

> 思いやりいつくしむは，他者や自分自身，そして世界に対してポジティブな思いを向けることで，愛情やいつくしみの気持ちを高める実践です。

思いやりいつくしむは，愛情やいつくしみ，温かさ，思いやり，つながっている感覚，喜び，開放感といったポジティブ感情を高めるための実践です。他者，世界，そして自分自身との深いつながりを築くことを助けるポジティブな思いを向けることをイメージします。

＊1　generosityの一般的な日本語訳は「寛大さ」「寛容さ」「気前のよさ」「惜しみなさ」です。本書では，PATのスキルとして実際にとり組む内容を反映させて，「与える」と訳しています。

モジュール 2　PAT のスキルセット

思いやりいつくしむ

エクササイズの進め方：実践した日時を記録しましょう。あなたの「思いやりいつくしむ」の実践の受け手を，1 人以上決めましょう。とり組みやすい人からはじめてみるのがよいでしょう。「思いやりいつくしむ」の説明スクリプトを読むか，音声を流しましょう。実践した前後のポジティブ感情を記録するようにしましょう（0 ＝最低，10 ＝最高）。他にも，気づいた考えや感情，身体感覚も記録してみましょう。1 日に 1 回は実践をしましょう。

実践した日時：＿＿＿＿＿＿＿6 月 6 日＿＿＿＿＿＿＿

実践の受け手（複数も可）：＿＿＿＿私の犬，親友＿＿＿＿

実践する前のポジティブ感情（0-10）：＿＿＿＿3＿＿＿＿

実践した後のポジティブ感情（0-10）：＿＿＿＿7＿＿＿＿

ポジティブな感情の種類：＿＿＿＿愛，平和，面白い＿＿＿＿

反応（思考や身体感覚）：

　＿笑顔，胸のあたりが温かい，少し筋肉の緊張＿

　＿「私は一番かわいい子犬を飼っている」＿

　＿「ちょっとおかしく，気まずい感覚」＿

　＿「本心ではないような感じがする」＿

図 7.1　ジョイの「思いやりいつくしむ」

これはジョイの例です。

ジョイは思いやりいつくしむ相手として，まず愛犬，次に親しい友人，そして最後に自分自身を設定し，実践しました。ジョイは，ペットから友人へ，友人から自分へと移行するにつれて，エクササイズがむずかしくなったことに気づきました。自分が本心を言っていないように感じはじめたのです。そのような考えはあったもの

＊2　loving-kindness は，日本語では「慈愛」と訳されることが多い。本書では，やはり PAT のスキルとして実際にする内容（愛情や親切の気持ちを込めて，相手を思いやり，大事にいつくしんで願う）を反映させて訳している。もともと，この loving-kindness は，仏教において重要とされる心の状態である四無量心の 1 つとされる。四無量心のうち，loving-kindness にあたる日本語は「慈心（無条件の愛や優しさ，他者に対する温かい心をもつこと）」になります。他に，「悲心（他者の苦しみに対する共感と，その苦しみを和らげる意志）」，「喜心（他者の喜びや成功を自分のものとして喜ぶ心の状態）」，「捨心（物事に対する中立的な視点や平等な心をもつこと，一種の平静と均衡の状態）」があります（https://tokuzoji.or.jp/shimuryoushin/）。喜心は，次に学ぶスキルの**誰かの幸せを喜ぶ**に対応します。

第7章　ポジティブを積み重ねる

思いやりいつくしむ

エクササイズの進め方：実践した日時を記録しましょう。あなたの「思いやりいつくしむ」の実践の受け手を，1人以上決めましょう。とり組みやすい人からはじめてみるのがよいでしょう。「思いやりいつくしむ」の説明スクリプトを読むか，音声を流しましょう。実践した前後のポジティブ感情を記録するようにしましょう（0＝最低，10＝最高）。他にも，気づいた考えや感情，身体感覚も記録してみましょう。1日に1回は実践をしましょう。

実践した日時：＿＿＿＿＿＿＿＿11月7日＿＿＿＿＿＿＿＿

実践の受け手（複数も可）：＿＿＿母，友人，自分＿＿＿

実践する前のポジティブ感情（0-10）：＿＿＿4＿＿＿

実践した後のポジティブ感情（0-10）：＿＿＿7＿＿＿

ポジティブな感情の種類：＿＿穏やか，愛されている，大切にされている＿＿

反応（思考や身体感覚）：

「母は私のことをとても愛している」

「身体の緊張が緩む感じ」

「大切にされている感覚」

「このエクササイズは実際に有効な気がする」

図7.2　フェリックスの「思いやりいつくしむ」

の，スキルの練習を続けていくうちにネガティブな思考がなくなっていくことに気づきました。また，心も身体も穏やかになっていることに気づきました。さらに，愛情や楽しさを感じるようにもなりました。ポジティブ感情は5点から6点に上がりました。

図7.1は，ジョイが記入した**思いやりいつくしむ**用紙の例です。

これはフェリックスの例です。

フェリックスは思いやりいつくしむ相手として，まず母親を，次に友人，そして最後に自分自身を設定し，実践しました。フェリックスはこの実践を楽しんでいることに気づき，すぐに穏やかで，リラックスしていて，愛され，大切にされていると感じはじめました。ポジティブ感情は4点から7点へと変化しました。

図7.2は，フェリックスが記入した**思いやりいつくしむ**用紙の例です。

73

モジュール2　PATのスキルセット

エクササイズ7.1「思いやりいつくしむ」

次はあなたの番です！　ボックス7.1のエクササイズの進め方にそってスキルを練習していきます。練習をする前にエクササイズの進め方を読んでください。

ボックス7.1　思いやりいつくしむエクササイズの進め方

あまり気が散らない場所で，楽な姿勢をとりましょう。足を地面につけ，背筋を伸ばし，目を閉じるか，目の前の1点をそっと見つめながら，椅子に座るとよいでしょう。

もし，気持ちが落ち着かなかったり，考えごとをしていたり，気が散るように感じたら，少し時間をとって吸う息と吐く息の1つ1つに注目し，呼吸に意識を向けてみましょう。息を吸ったり吐いたりしているときの身体の変化を観察してみてください。お腹が上下したり，鼻を通る空気の温度が変化したりすることに気づくかもしれません。

準備が整ったら，あなたのすきな人，あるいは関係がとくにこじれていない人を思い浮かべるところからはじめましょう。とても大切にしている誰かであって，ペットであったり，遠い関係ではあるけれどとても尊敬している人であってもよいでしょう。その対象があなたの前に座り，ほほえみ，あなたを見つめているところを想像してみてください。

その相手に対して，以下の言葉をかけてみてください。これらの言葉を声に出してみたり，心の中で言いながら，言葉の内容に集中してみましょう。

あなたが平和でありますように……
あなたが健康でありますように……
あなたに苦痛や困難，不幸が降りかかりませんように……
愛と喜びがありますように……
……
あなたが平和でありますように……
あなたが健康でありますように……
あなたに苦痛や困難，不幸が降りかかりませんように……
愛と喜びがありますように……
……

これらの言葉を読み上げるときに，どのような感情や身体感覚が生まれるかに意識を向けてみてください。ぬくもりでしょうか？　ほほえみでしょうか？　そしてまた，今すぐにポジティブな感情に気づかなくても大丈夫です。

あなたが平和でありますように……

74

あなたが健康でありますように……

あなたに苦痛や困難，不幸が降りかかりませんように……

愛と喜びがありますように……

　呼吸に意識を向けてみてください。息を吸ったり吐いたりするたびにお腹が上下していることに気づきながら，呼吸に意識を向けてみましょう。

　今度は，とり組むことが少しむずかしいような人を思い浮かべてみてください。その人はむずかしい関係にある家族でもよいですし，職場の同僚や政治家でもよいでしょう。自分自身でも大丈夫です。一方で，あなたを虐待したことのある人や，トラウマの原因となった人にしてはいけません。誰かを決めることができたら，その人が目の前に座っているのを想像してください。その人に次のような言葉をかけてください。

あなたが平和でありますように，また，あなたの平和を願います……

あなたが健康でありますように，また，あなたの健康を祈ります……

私／あなたに苦痛や困難，不幸が降りかかりませんように……

私／あなたに愛と喜びがありますように……

　……

あなたが平和でありますように，また，あなたの平和を願います……

あなたが健康でありますように，また，あなたの健康を祈ります……

私／あなたに苦痛や困難，不幸が降りかかりませんように……

私／あなたに愛と喜びがありますように……

　浮かんでくる感情や身体感覚の変化に気づいてみましょう。

あなたが平和でありますように，また，あなたの平和を願います……

あなたが健康でありますように，また，あなたの健康を祈ります……

私／あなたに苦痛や困難，不幸が降りかかりませんように……

私／あなたに愛と喜びがありますように……

　また，しばらくの間，呼吸に意識をもう一度向けてみましょう。もし，気が散っていることに気づいたら，何度か深呼吸をしてみましょう。

　今度は世界のイメージを思い浮かべてみましょう。そしてポジティブな思いをささげてみましょう。

世界が平和でありますように……

世界が健康でありますように……

世界に苦痛や困難，不幸が降りかかりませんように……

モジュール2　PATのスキルセット

> 世界に愛と喜びがありますように……
> ……
> 世界が平和でありますように……
> 世界が健康でありますように……
> 世界に苦痛や困難，不幸が降りかかりませんように……
> 世界に愛と喜びがありますように……
>
> どのような感情や身体感覚が生まれたでしょうか？
> 最後に，そっと呼吸に意識を向けてみましょう……
> そして目を開けてください。

　エクササイズ7.1「思いやりいつくしむ」の用紙を使って，まずはとり組みやすい人，例えば友人や恩師，ペットなどを選び，次にとり組むことがむずかしい人を相手に選びます。つまり，**思いやりいつくしむ**ことを容易にできそうな人について考えることからはじめます。その相手は，すでに亡くなられた愛する人であってもかまいません。多くの人にとってこの練習はむずかしいかもしれませんし，そう感じていても大丈夫です。PATで学んだすべてのスキルと同じように，練習すればするほどとり組みやすくなり，より大きな恩恵を受けられるようになります。ですから，練習中にいらつきやその他のネガティブ感情に気づいたとしても，それらは生じても大丈夫なものです。はじめのうちはよくみられる感情です。

　少なくとも1日1回（理想的には次の1週間のうち3回以上）練習してください。練習をはじめる前に，自分のポジティブ感情を記録し，思いやりいつくしむ相手を書き留めておいてください。また，エクササイズを終えたあとのポジティブ感情と，その他に気づいた思考・感情・身体感覚を記録してください。

トラブルシューティング

思いやりいつくしむ実践をすると，落ち込んだり，不安になったり，ねたむ気持ちが出てきたり，怒りがわいてきたりします。私に何か問題があるのでしょうか？

　このような感情がたくさん生じてくることは，驚くことではありません。何も悪いことはなく，このような感情が生じるのはごく自然なことです。多くの人にとって，このスキルは本当にむずかしいものです。実践を続けるなかで，これらの感情がどうなるか，新しい感情が生じるかを観察してみましょう。このスキルを1人でとり組み続けることはできないと判断しても，それで大丈夫です。また，もしかすると，思いやりいつくしむ実践をするには，むずかしい相手を選んでいるのかもしれません。例えばペットのように，それほどむずかしく

第7章　ポジティブを積み重ねる

エクササイズ7.1　思いやりいつくしむ

思いやりいつくしむ

エクササイズの進め方：実践した日時を記録しましょう。あなたの「思いやりいつくしむ」の実践の受け手を，1人以上決めましょう。とり組みやすい人からはじめてみるのがよいでしょう。「思いやりいつくしむ」の説明スクリプトを読むか，音声を流しましょう。実践した前後のポジティブ感情を記録するようにしましょう（0＝最低，10＝最高）。他にも，気づいた考えや感情，身体感覚も記録してみましょう。1日に1回は実践をしましょう。

実践した日時：＿＿＿＿＿＿＿＿＿＿＿＿＿＿＿＿＿＿＿＿＿＿＿＿＿＿＿＿＿＿＿＿

実践の受け手（複数も可）：＿＿＿＿＿＿＿＿＿＿＿＿＿＿＿＿＿＿＿＿＿＿＿＿＿

実践する前のポジティブ感情（0-10）：＿＿＿＿＿＿＿＿＿＿＿＿＿＿＿＿＿＿＿＿

実践した後のポジティブ感情（0-10）：＿＿＿＿＿＿＿＿＿＿＿＿＿＿＿＿＿＿＿＿

ポジティブな感情の種類：＿＿＿＿＿＿＿＿＿＿＿＿＿＿＿＿＿＿＿＿＿＿＿＿＿＿

＿＿＿＿＿＿＿＿＿＿＿＿＿＿＿＿＿＿＿＿＿＿＿＿＿＿＿＿＿＿＿＿＿＿＿＿＿＿

反応（思考や身体感覚）：

＿＿＿＿＿＿＿＿＿＿＿＿＿＿＿＿＿＿＿＿＿＿＿＿＿＿＿＿＿＿＿＿＿＿＿＿＿＿

＿＿＿＿＿＿＿＿＿＿＿＿＿＿＿＿＿＿＿＿＿＿＿＿＿＿＿＿＿＿＿＿＿＿＿＿＿＿

＿＿＿＿＿＿＿＿＿＿＿＿＿＿＿＿＿＿＿＿＿＿＿＿＿＿＿＿＿＿＿＿＿＿＿＿＿＿

＿＿＿＿＿＿＿＿＿＿＿＿＿＿＿＿＿＿＿＿＿＿＿＿＿＿＿＿＿＿＿＿＿＿＿＿＿＿

ない相手を設定して，もう一度とり組んでみるとよいかもしれません。その相手に対してどのような感情が生じるかに気づき，その後で，よりむずかしい人を相手にした実践に戻るとよいでしょう。

ポジティブな感情を感じません。やり方が間違っているのでしょうか？

　何も間違ったことはしていません。多くの人にとって，はじめたばかりのころは本当にむずかしいものです。時間をかけて練習してみて，自分の感情がどうなっていくか，新しい感情が生まれるかを観察してみてください。もし，このスキルを1人でとり組み続けることはできないと判断しても大丈夫です。

思いやりいつくしむは，祈りと同じなのでしょうか？

　思いやりいつくしむとは，他の生き物に対して，ポジティブな言葉や思いを向ける実践です。ある祈りでは，祈る人が，より高次の存在に対して，他の生き物のために何かを与えてくれるように頼むことがあります。祈りと思いやりいつくしむは，表面的には似ているように見えますが，違いがあります。祈りにはさまざまな形がありますが，思いやりいつくしむ

モジュール2 PATのスキルセット

は，健康やウェルビーイング，幸せに関する言葉を向けることに特化した実践です。また，思いやりいつくしむとは異なり，祈りには祈るべき，より高次の存在が必要です。思いやりいつくしむ利点は，スピリチュアルな信仰をもつ人でも，無宗教の人でも，実践し，利益を得られるところにあります。

気まずさや，本心ではない感じがします

　思いやりいつくしむ実践をはじめたばかりの頃は，多くの人がこのように感じます。このような感覚に気づいても，とにかくそのスキルを続けて，ぎこちなさや不誠実さが改善されるかどうか確かめてみてください。

むずかしくない相手を思いつくことさえできません！

　人によっては，この部分が一番むずかしいかもしれません。とり組むことがむずかしくない人が思い浮かばない場合は，過去の人物を含めて，最もネガティブな感情をもたらさない人物やペットを思い浮かべてみてください。

感謝する

感謝するは感情であり，行動であり，思考のスキルでもあります。ポジティブなものに気づき，感謝することで，感謝する行為とポジティブ感情とのつながりを学びます。**感謝する**の実践には多くの利点があります。科学的には次のような利点が示されています。

- ウェルビーイングを高める
- ポジティブ感情を高める
- ネガティブ感情やストレスを減らす
- 健康と他人とつながっている感覚を高める
- 与える行為につながる

> **感謝**とは，1日，1週間，そして人生において感謝したい「銀の光」を見つけることです。

　感謝するを実践するにはさまざまな方法がありますが，PATではそのうちの1つを実践します。エクササイズ7.2「感謝する」（81ページ参照）を使って，毎日感謝することを5つずつ挙げます。最初は不可能なように思えるかもしれません。しかし，あなたはすでに，**銀の光を見つける**専門家となっていることを思い出してください。**感謝する**とは，1日，1週間，そして人生において感謝したい「銀の光」，あるいはポジティブな側面を見つけることです。感謝する内容は，"ちょっと一息つけること"といった単純なことから，"セラピーを受けていること"のような複雑なことまで，とても多くの種類があることを覚えておいてください。**銀の光を見つける**と**感謝する**の項目には，大きなもの（例えば，息子が人生にいることに感謝します）でも，些細なもの（例えば，時間通りに仕事に行けることに感謝します），そしてくだらないもの

78

（例えば，石鹸があるおかげで臭くなりません！）まであります。

　週の終わりには，35の**感謝する**リストができあがります。残りのPAT期間中も，それ以降も，特にすべてがうまくいかないと思えるような日にも，このリストを見返して，必要に応じて項目を追加できます。このリストは，今あるポジティブなものを思い出すのに役立ちます。

　感謝するを日課とすることで，このスキルを最大限に活かせます。毎日このリストに書き加える時間を決めて，スマートフォンにリマインダーを設定することをお勧めします。これまでの経験では，夜にこの練習をして1日をふり返る人が多いです。

　これはフェリックスの例です。

　　　　　フェリックスは寝る前に，1日をふり返るために**感謝する**のリストを作りました。初日のリストには，朝の散歩で野生の動物を見たこと，友人にメールをしたこと，飼い猫と寄り添ったこと，マカロニ・アンド・チーズを作るのに必要な材料を手に入れたこと，時間通りにベッドに入ったことなどが含まれていました。ポジティブ感情は4点から8点に変化しました。

　図7.3は，フェリックスが記入した**感謝する**の用紙の例です。

　これはジョイの例です。

　　　　　ジョイは，寝る支度をしながら**感謝する**のリストを完成させることにしました。初日のリストには，時間通りに起きたこと，お気に入りのマグカップでコーヒーを飲んだこと，同僚とランチをしたこと，娘と電話で話したこと，夫とテレビを見たことなどが含まれていました。ポジティブ感情は6点から9点に改善しました。

　図7.4は，ジョイが記入した**感謝する**の用紙の例です。

モジュール2　PATのスキルセット

感謝する

エクササイズの進め方：実践した日時を記録しましょう。毎日気づき，感謝する5つのことをリストにしましょう。前の日に感謝したこととは違うことであることを確認しましょう。リストを作った前後のポジティブ感情を記録するようにしましょう（0＝最低，10＝最高）。気づいたポジティブな感情を記入しましょう。1日に1回は実践をしましょう。

実践した日時： ＿＿＿＿＿＿＿9月15日＿＿＿＿＿＿＿＿

今日，私が感謝することは……

1. ＿＿朝の散歩で野生の動物を見たこと＿＿＿＿＿＿

2. ＿＿ジョニーにメールをしたこと＿＿＿＿＿＿＿＿

3. ＿＿猫が僕に寄り添ってきたこと＿＿＿＿＿＿＿＿

4. ＿＿マカロニ・アンド・チーズを作る材料がそろったこと＿

5. ＿＿時間通りにベッドに入ったこと＿＿＿＿＿＿＿＿

実践する前のポジティブ感情（0-10）： ＿＿＿＿4＿＿＿＿

実践した後のポジティブ感情（0-10）： ＿＿＿＿8＿＿＿＿

ポジティブな感情の種類（複数も可）： ＿＿ありがたい気持ち，喜び＿＿

図 7.3　フェリックスの「感謝する」

感謝する

エクササイズの進め方：実践した日時を記録しましょう。毎日気づき，感謝する5つのことをリストにしましょう。前の日に感謝したこととは違うことであることを確認しましょう。リストを作った前後のポジティブ感情を記録するようにしましょう（0＝最低，10＝最高）。気づいたポジティブな感情を記入しましょう。1日に1回は実践をしましょう。

実践した日時： ＿＿＿＿＿＿＿3月22日＿＿＿＿＿＿＿＿

今日，私が感謝することは……

1. ＿＿時間通りに起きたこと＿＿＿＿＿＿＿＿＿＿＿

2. ＿＿お気に入りのマグカップでコーヒーを飲んだこと＿

3. ＿＿同僚とランチをしたこと＿＿＿＿＿＿＿＿＿＿＿

4. ＿＿娘と電話で話したこと＿＿＿＿＿＿＿＿＿＿＿＿

5. ＿＿夫とお気に入りのテレビ番組を見たこと＿＿＿＿

実践する前のポジティブ感情（0-10）： ＿＿＿＿6＿＿＿＿

実践した後のポジティブ感情（0-10）： ＿＿＿＿9＿＿＿＿

ポジティブな感情の種類（複数も可）： ＿＿満足感，希望に満ちた＿＿

図 7.4　ジョイの「感謝する」

エクササイズ 7.2　感謝する

感謝する

エクササイズの進め方： 実践した日時を記録しましょう。毎日気づき，感謝する5つのことをリストにしましょう。前の日に感謝したこととは違うことであることを確認しましょう。リストを作った前後のポジティブ感情を記録するようにしましょう（0＝最低，10＝最高）。気づいたポジティブな感情を記入しましょう。1日に1回は実践をしましょう。

実践した日時：＿＿＿＿＿＿＿＿＿＿＿＿＿＿＿＿＿＿＿＿＿＿＿＿＿＿＿＿＿＿

今日，私が感謝することは……

1. ＿＿＿＿＿＿＿＿＿＿＿＿＿＿＿＿＿＿＿＿＿＿＿＿＿＿＿＿＿＿

2. ＿＿＿＿＿＿＿＿＿＿＿＿＿＿＿＿＿＿＿＿＿＿＿＿＿＿＿＿＿＿

3. ＿＿＿＿＿＿＿＿＿＿＿＿＿＿＿＿＿＿＿＿＿＿＿＿＿＿＿＿＿＿

4. ＿＿＿＿＿＿＿＿＿＿＿＿＿＿＿＿＿＿＿＿＿＿＿＿＿＿＿＿＿＿

5. ＿＿＿＿＿＿＿＿＿＿＿＿＿＿＿＿＿＿＿＿＿＿＿＿＿＿＿＿＿＿

実践する前のポジティブ感情（0–10）：＿＿＿＿＿＿＿＿＿＿＿＿＿＿＿＿

実践した後のポジティブ感情（0–10）：＿＿＿＿＿＿＿＿＿＿＿＿＿＿＿＿

ポジティブな感情の種類（複数も可）：＿＿＿＿＿＿＿＿＿＿＿＿＿＿＿＿
＿＿＿＿＿＿＿＿＿＿＿＿＿＿＿＿＿＿＿＿＿＿＿＿＿＿＿＿＿＿＿＿＿＿

エクササイズ 7.2「感謝する」

次はあなたの番です！　エクササイズ 7.2「感謝する」を使って，毎日，気づき，感謝していることを5つ挙げてください。練習の前と後のポジティブ感情を記録してください。少なくとも1日1回（次の1週間は3回以上）練習してください。

トラブルシューティング

感謝していることが何も思いつきません

　これはよくみられる反応であり，PATに助けを求めた理由の1つかもしれません。銀の光を見つけるに戻ってみることが助けになります。今日あったことの銀の光を1～3つまで挙げてみると，それらが感謝していることでもあるのに気づくでしょう！

> **感謝すべきことが5つも思いつきません**
> 創意工夫してみましょう。思いつかなければ1〜2つに絞っても大丈夫です。

与える（generosity）

与えるとは，見返りを期待することなく，自らの意思で与える行為のことです。寛大になって人に与えることは，多くの理由からむずかしいことがあります。私たちは皆，時間や資源に限りがあり，他者に与えられるほど十分にもっていないかもしれません。**与える**について狭く考えるなら，確かにそうなるかもしれません。例えばそれを，お金を払ったり，ボランティア活動の時間を提供したりすることだと考えている場合，定期的に**与える**ための十分な資源をもっていないかもしれません。しかし，時間やエネルギー，お金，物理的な援助，アドバイス，知識，情報，思いやり，愛情など，**与える**にはさまざまな形があり，制限はありません。笑顔や優しい言葉，話を聞くことかもしれません。友人，動物，自然，大義，そして自分自身を助けることかもしれません。与える選択肢は無限にあります。**与える**は以下のことに役立ちます。

- ポジティブなことに気づき，感謝すること
- ポジティブ感情を高めること
- 与えるという行為と，ポジティブ感情とのつながりを学ぶこと

意外なことに，与えることは，与えられることよりもポジティブ感情を高めることが研究によって示されています。与えることは次のようなことに関連しています。

> **与える**とは，見返りを期待することなく，自らの意思で与える行為です。

- 健康
- ネガティブ感情やストレスの減少
- 人間関係の改善

また，与えることで，自分が与えられる可能性も高まります。

これはジョイの例です。

ジョイは，息子を空港まで送ること，夫の庭仕事を手伝うこと，地元の慈善団体に50ドル寄付することを選びました。息子を空港まで送ることで，自分が明るく，必要とされていると感じ，ポジティブ感情が5点から8点に改善したことに気づきました。

第7章 ポジティブを積み重ねる

与える

エクササイズの進め方：あなたが与える行為をした日時を記録しましょう。あなたの与える行為が何かと，その受け手を決めてから記録しましょう。与える行為をする前後のポジティブ感情を記録するようにしましょう（0 ＝最低，10 ＝最高）。気づいたポジティブな感情を記入しましょう。週に 3 回は実践をしましょう。

実践した日時：　　　　　　7 月 28 日，午後 4 時　　　　　　　　　　

与える行為：　　　　　　息子を空港まで車で送る　　　　　　　　　　

与える行為の受け手：　　　　　息子　　　　　　　　　　　　　　　

実践する前のポジティブ感情（0-10）：　　　　5　　　　

実践した後のポジティブ感情（0-10）：　　　　8　　　　

ポジティブな感情の種類（複数も可）：　　心躍る，必要とされている　　

図 7.5　ジョイの「与える」

図 7.5 は，ジョイが記入した**与える**用紙の例です。

これはフェリックスの例です。

　　　　フェリックスは，お年寄りの隣人のゴミ出しを手伝い，母親の買い物を手伝い，友人へのプレゼントをネットで注文しました。隣人のゴミ出しを手伝った後，フェリックスは生産的で，誇らしい気分になったと書きました。ポジティブ感情は 3 点から 6 点に改善されました。

図 7.6 は，フェリックスが記入した**与える**用紙の例です。

エクササイズ 7.3「与える」

　次はあなたの番です！　エクササイズ 7.3「与える」を使って，今週実践する行為を 3 つ挙げてください。実行する日と時間を書き込んで，1 週間の予定を立てましょう。与える行為 1 つにつき，1 枚の用紙を使用します。各行為を行う前後のポジティブ感情を記録してください。これらの**与える**行為が完了したら，これらをあじわう練習をすることが役に立ちます。

モジュール2　PATのスキルセット

与える

エクササイズの進め方：あなたが与える行為をした日時を記録しましょう。あなたの与える行為が何かと，その受け手を決めてから記録しましょう。与える行為をする前後のポジティブ感情を記録するようにしましょう（0＝最低，10＝最高）。気づいたポジティブな感情を記入しましょう。週に3回は実践をしましょう。

実践した日時：　　　　　　　　土曜日の朝

与える行為：　　　　　　　　隣人がゴミを出すのを手伝う

与える行為の受け手：　　　　　隣人

実践する前のポジティブ感情（0-10）：　　　　3

実践した後のポジティブ感情（0-10）：　　　　6

ポジティブな感情の種類（複数も可）：　　　生産的，誇らしい

図7.6　フェリックスの「与える」

エクササイズ7.3　与える

与える

エクササイズの進め方：あなたが与える行為をした日時を記録しましょう。あなたの与える行為が何かと，その受け手を決めてから記録しましょう。与える行為をする前後のポジティブ感情を記録するようにしましょう（0＝最低，10＝最高）。気づいたポジティブな感情を記入しましょう。週に3回は実践をしましょう。

実践した日時：

与える行為：

与える行為の受け手：

実践する前のポジティブ感情（0-10）：

実践した後のポジティブ感情（0-10）：

ポジティブな感情の種類（複数も可）：

トラブルシューティング

与えてしまったら，自分の分が足りなくなるのでは？

　もっているものが十分でないと恐れて，なかなか与えられないこともあるでしょう。**与える**実践を通して，**与える**にはさまざまな形があることを学びましょう。**与える**は誰かに笑顔を向けたり，その人についてポジティブに考えたりと，費用や時間，エネルギーを必要としないこともあります。また，最もよい与える行為は，自分自身のニーズ（セルフケアなど）を認め，それを満たすために自分に余裕を与えることであると気づくかもしれません。「人に与えられるほどのものなんてない」と考えていることに気づいたら，自分の心と身体に何が起こっているかを観察してみてください。そして，次のことを省みてください。何がほしくて**与える**行為をするのだろうか？　義務感や感謝されたい願望が動機だろうか？　それは本当に**与える**行為なのだろうか？　自分のポジティブ感情を高める行為になっているだろうか？　相手は本当に益を得ているだろうか？　これらを踏まえて，「今この瞬間，見返りを期待することなく，自らの意思で与える行為ができるとしたら，それは何だろうか？」と考えてください。

与える行為が感謝されないとしたら，何の意味があるのでしょうか？

　ここでの目標は，たとえ見返りを期待せずに**与える**実践をすることであるのを忘れないでください。見返りがあるはずだと考えながら与えることは，ポジティブ感情ではなく，後悔につながることがよくあります。後悔につながるような与えかたをするか，後悔とは無関係に与えるか，どちらがよいでしょうか。

すでに多くを与えています！

　それはとてもよいことです！　日常生活で寛大に与えている人もいれば，そうでない人もいるでしょう。もしすでに周囲に多くを与えているのなら，今度は自分自身に寛大になって与えてみてください。自分自身に与える例としては，自分にプチ休暇を与える，マッサージを受ける，風呂に入る，職場の友人と過ごす時間を作る，完璧でない自分も許してあげる，などが挙げられます。

他人にどう受け取られるか心配です

　与えるから生まれるポジティブ感情は，他人から感謝されることから生まれるものではありません。むしろ，与えるという行為自体からポジティブ感情が生まれます。そのため，プロセスではなく結果に焦点を当てると，与える行為から得られるポジティブな恩恵が失われてしまいます。**与える**実践において，結果を手放すことが必要なのです。

85

誰かの幸せを喜ぶ

誰かの幸せを喜ぶとは，他人の喜びや幸運に対して，自分も喜びやその他のポジティブ感情を感じることです。**思いやりいつくしむ**に似た実践でもあります。イメージや視覚化を用いて，他の人の幸運や成功を祈りながら，その際に生じる感情に気づきます。このスキルは，賞賛や誇り，喜び，愛情，他者とつながっている感覚などの感情を呼び起こすものであり，他人の不幸から喜びを見出すのとは正反対のものです。**思いやりいつくしむ**と同じように，**誰かの幸せを喜ぶ**は他者とのつながりを感じさせてくれるものです。

> **誰かの幸せを喜ぶ**は，他者の成功から生まれるポジティブ感情の体験です。

これはフェリックスの例です。

フェリックスはこの実践にとり組むことにむずかしさを感じていました。自分自身が行き詰まりを感じているなかで，他者の成功を願うことがとてもむずかしかったのです。彼は，まず親しい友人を思い浮かべ，幸せと成功を願うことからはじめました。フェリックスは，その友人のために喜びを感じるだけでなく，自分もポジティブに感じていることに気づきました（ポジティブ感情は3点から4点へ変化しました）。時間が経つにつれて，フェリックスは親近感，他者とのつながり，温かさを感じるようになり，練習を重ねるごとに気分がよくなっていくことに気づきました。

図7.7は，フェリックスが記入した**誰かの幸せを喜ぶ**用紙の例です。

以下はジョイの例です。

ジョイは，夫に幸運と成功を願いました。彼女は安心感と喜びを経験していることに気づきました。また，温かさ，満足感，愛情も感じることができました。ポジティブ感情は4点から7点に改善しました。

図7.8は，ジョイが記入した**誰かの幸せを喜ぶ**用紙の例です。

エクササイズ7.4「誰かの幸せを喜ぶ」

次はあなたの番です！　ボックス7.2の説明にそって練習していきます。

第7章 ポジティブを積み重ねる

誰かの幸せを喜ぶ

エクササイズの進め方：実践した日時を記録しましょう。あなたの「誰かの幸せを喜ぶ」の実践の受け手を，1人以上決めましょう。とり組みやすい人からはじめてみるのがよいでしょう。「誰かの幸せを喜ぶ」のエクササイズの進め方を読むか，音声を流しましょう。実践した前後のポジティブ感情を記録するようにしましょう（0＝最低，10＝最高）。他にも，気づいた考えや感情，身体感覚を記録してみましょう。1日に1回は実践をしましょう。

実践した日時： 12月9日

実践の受け手（複数も可）： 私の友人，ジェイミー

実践する前のポジティブ感情（0-10）： 3

実践した後のポジティブ感情（0-10）： 4

ポジティブな感情の種類（複数も可）： 友人の分まで嬉しい

反応（思考や身体感覚）：

イライラ，「これはすごく難しい」

「彼はとてもいいやつで，いいことが起きて当然で，彼の幸せを願っている」

「友人の幸せを願う自分に対して，気分がよい」

図 7.7　フェリックスの「誰かの幸せを喜ぶ」

誰かの幸せを喜ぶ

エクササイズの進め方：実践した日時を記録しましょう。あなたの「誰かの幸せを喜ぶ」の実践の受け手を，1人以上決めましょう。とり組みやすい人からはじめてみるのがよいでしょう。「誰かの幸せを喜ぶ」の説明スクリプトを読むか，音声を流しましょう。実践した前後のポジティブ感情を記録するようにしましょう（0＝最低，10＝最高）。他にも，気づいた考えや感情，身体感覚を記録してみましょう。1日に1回は実践をしましょう。

実践した日時： 7月29日

実践の受け手（複数も可）： 私の夫

実践する前のポジティブ感情（0-10）： 4

実践した後のポジティブ感情（0-10）： 7

ポジティブな感情の種類（複数も可）： 愛，満足感，居心地のよさ

反応（思考や身体感覚）：

温かさ，笑顔，

「私は夫のことをとても愛していて，彼が元気であることが嬉しい」

「夫に私が今感じていることを共有したい」

図 7.8　ジョイの「誰かの幸せを喜ぶ」

ボックス 7.2　誰かの幸せを喜ぶエクササイズの進め方

あまり気が散らない場所で，楽な姿勢をとりましょう。足を地面につけ，背筋を伸ばし，目を閉じるか，目の前の１点をそっと見つめながら，椅子に座るとよいでしょう。

もし，気持ちが落ち着かなかったり，考えごとをしていたり，特に気が散るように感じたら，少し時間をとって吸う息と吐く息の１つ１つに注目し，呼吸に意識を向けてみましょう。息を吸ったり吐いたりしているときの身体の変化を観察してみてください。お腹が上下したり，鼻を通る空気の温度が変化したりすることに気づくかもしれません。

準備が整ったら，あなたのすきな人，複雑な関係にない人を思い浮かべるところからはじめましょう。その人は，あなたがとても大切にしている人やペット，あるいは遠い存在ではあるけれどとても尊敬している人でもよいでしょう。その人があなたの前に座り，ほほえみ，あなたを見つめているところを想像してみてください。

その人が手にしている幸せを１つ挙げてください。その際に，どのような感情が生まれるかに意識を向けてみましょう。

以下のような言葉をかけてみてください。これらの言葉を声に出したり，心の中で言いながら，言葉の内容に集中してみましょう。

あなたが幸せで満たされているのをうれしく思います……
あなたが成したことが，ずっとともにありますように……
あなたの豊かさが広がり続けますように……
……
あなたが幸せで満たされているのをうれしく思います……
あなたが成したことが，ずっとともにありますように……
あなたの豊かさが広がり続けますように……

これらの言葉を読み上げるときに，どのような感情や身体感覚が生まれるかに意識を向けてみてください。喜びでしょうか？　ほほえみでしょうか？　そして，今すぐにポジティブな感情に気づかなくても大丈夫です。

呼吸に意識を向けてみてください。息を吸ったり吐いたりするたびにお腹が上下していることに気づきながら，呼吸に意識を向けてみましょう。

今度は，少し困難な関係にある人を思い浮かべてみてください。その人は，ご自身でも，友人でも，家族でもよいでしょう。その人を決めることができたら，その人が目の前に座っているのを想像してください。

その人がもっている幸運を１つ挙げてください。その際に，どのような感情が生まれるかに意識を向けてみましょう。その人に次のような言葉をかけてください。

あなたが幸せで満たされているのをうれしく思います……

> あなたが成したことが，ずっとともにありますように……
> あなたの豊かさが広がり続けますように……
> ……
> あなたが幸せで満たされているのをうれしく思います……
> あなたが成したことが，ずっとともにありますように……
> あなたの豊かさが広がり続けますように……
>
> さて，どのような感情や身体感覚が生まれたでしょうか？
> 最後に，そっと呼吸に意識を向けてみましょう……そして目を開けてください。

　エクササイズ7.4「誰かの幸せを喜ぶ」を用いて，少なくとも1日1回（理想的には次の1週間のうち3回以上）練習してください。練習をはじめる前と後にポジティブ感情，考え・感情・身体感覚を記録してください。

トラブルシューティング

ねたむ気持ちが出てくる：誰かの幸せを喜べない
　私たちは，他人のことを喜べず，ねたみを感じることがあります。「人間なのだから，そう感じることもある」と自分に声をかけ，感じていることを認めてあげましょう。準備ができたら，もう一度やってみることをおすすめします。**誰かの幸せを喜ぶ**実践を通してポジティブ感情を感じるまでには，時間がかかることがよくあります。

誰かの幸せを喜ぶ実践は祈りと同じなのでしょうか？
　誰かの幸せを喜ぶとは，他者の成功や幸運から感じる喜びのことであり，他の人に対してポジティブな言葉を心のなかで向ける実践です。**誰かの幸せを喜ぶ**実践と祈りは似ていますが，同じではありません。祈りにはさまざまな形がありますが，**誰かの幸せを喜ぶ**は，他の人の幸運を喜ぶ言葉を向けるスキルです。また，**誰かの幸せを喜ぶ**とは異なり，祈りには祈るべき，より高次の存在が必要です。**誰かの幸せを喜ぶ**利点は，スピリチュアルな信仰をもつ人も，無宗教の人でも実践し，益を得られることにあります。

モジュール 2　PAT のスキルセット

エクササイズ 7.4　誰かの幸せを喜ぶ

<table>
<tr><td align="center">誰かの幸せを喜ぶ</td></tr>
</table>

エクササイズの進め方：実践した日時を記録しましょう。あなたの「誰かの幸せを喜ぶ」の実践の受け手を，1人以上決めましょう。とり組みやすい人からはじめてみるのがよいでしょう。「誰かの幸せを喜ぶ」の説明スクリプトを読むか，音声を流しましょう。実践した前後のポジティブ感情を記録するようにしましょう（0 ＝最低，10 ＝最高）。他にも，気づいた考えや感情，身体感覚を記録してみましょう。1日に1回は実践をしましょう。

実践した日時：＿＿＿＿＿＿＿＿＿＿＿＿＿＿＿＿＿＿＿＿＿＿＿＿＿＿＿＿＿＿＿＿

実践の受け手（複数も可）：＿＿＿＿＿＿＿＿＿＿＿＿＿＿＿＿＿＿＿＿＿＿＿＿＿＿

実践する前のポジティブ感情（0–10）：＿＿＿＿＿＿＿＿＿＿＿＿＿＿＿＿＿＿＿＿

実践した後のポジティブ感（0–10）：＿＿＿＿＿＿＿＿＿＿＿＿＿＿＿＿＿＿＿＿＿

ポジティブな感情の種類（複数も可）：＿＿＿＿＿＿＿＿＿＿＿＿＿＿＿＿＿＿＿

反応（思考や身体感覚）：

＿＿＿＿＿＿＿＿＿＿＿＿＿＿＿＿＿＿＿＿＿＿＿＿＿＿＿＿＿＿＿＿＿＿＿＿＿＿

＿＿＿＿＿＿＿＿＿＿＿＿＿＿＿＿＿＿＿＿＿＿＿＿＿＿＿＿＿＿＿＿＿＿＿＿＿＿

＿＿＿＿＿＿＿＿＿＿＿＿＿＿＿＿＿＿＿＿＿＿＿＿＿＿＿＿＿＿＿＿＿＿＿＿＿＿

＿＿＿＿＿＿＿＿＿＿＿＿＿＿＿＿＿＿＿＿＿＿＿＿＿＿＿＿＿＿＿＿＿＿＿＿＿＿

全部ひっくるめて実践する：ポジティブへと行動し，目を向け，積み重ねる

　この章のポジティブを積み重ねるスキルは思考と行動を組み合わせたものであり，以前の章で学んだスキルと合わせて実践するのが最も効果的です。**瞬間をあじわう**一環として，**与える**行為を取り上げることができます。また，**感謝する**と**銀の光を見つける**も密接に関連しており，**銀の光を見つける**を使って，感謝することを決めていくことも有用です。さらに，**思いやりいつくしむ**と**誰かの幸せを喜ぶ**は，行動スキルの一環として，人と関わる活動にとり組んでいくためのすばらしい動機づけになります。これらのスキルでは，**ポジティブを思い描く**と同じようにイメージを活用します。まずはそれぞれのスキルをしっかり練習して，慣れてきたら組み合わせていきましょう。

　学びやすいスキルとそうでないスキルがあるかもしれません。例えば，イメージや視覚化が苦手な人は，**思いやりいつくしむ**や**誰かの幸せを喜ぶ**を楽しめないかもしれません。それでも大丈夫です。各スキルを少なくとも1週間は毎日練習し，それでもまだ効果が見いだせないようであれば，次のスキルに進むことをおすすめします。もし**感謝する**ことを決めるのに苦労していれば，**銀の光を見つける**に戻ることをおすすめします。最後に，もうすでに他者に対して

90

自分の資源を多く費やしており，**与える**スキルなんてできそうにない場合は，このスキルを自分自身に実践することをおすすめします。自分自身に**与える**行為には，プチ休暇をとる，散歩に出かける，風呂に入る，すきな食事を作る，病院に行く，自分への特別なプレゼントを買うなどがあります。

モジュール3

PATで得られたこと／再発予防

第8章

旅を続ける

進展のチェック

実践計画

壁を乗り越えて実践を続けていく

再燃と再発の違い

追加の専門支援を求めるタイミング

最後の励ましの言葉

うつ病や不安症の人のための関連資料

進展のチェック

おめでとうございます！　PATをすべて完了しました！　PATの目標の1つは，ポジティブに気づき，認めることです。だからこそ，一度立ち止まって，自分の歩みに気づき，認めることが大切です。それらは自分のものとして，大いに称賛に値する重要な成果です。今感じている感情をあじわってみましょう。誇らしさでしょうか？　興奮でしょうか？　PATの成果をあじわうことができたら，次のステップに進むために，これまでの進展をふり返ってみましょう。PATのスキルを学んだこと自体が成果と言えますが，進展をチェックして，もっととり組んだほうがよいスキルがあるかを判断していきましょう。進展のチェック（エクササイズ8.1）をしてみると，さらに数週間の練習が必要なことに気づく人もいるでしょう。

将来を考えるのは怖いことです。皆がPATを終えてよい気分になるとは限りません。また，スムーズに進展することもめったにありません。しばしば浮き沈みがあり，混乱したり不快に感じたりすることもあるでしょう。PATが終わったときに，自分が望んでいた状態になっていないと感じるかもしれません。そのため，自身の進展を客観的に見ることが不可欠です。その進展を，これからの意思決定に参考となるデータとしてとらえることが役立ちます（自分自身を意味する指標としてではなく）。たとえ期待したほどの成果が得られなかったとしても，PATに費やした努力とエネルギーで大きなことを成しとげてこられました。そのうえで，あともう少しの時間と実践が必要なだけなのかもしれません。

94

エクササイズ 8.1　進展のチェック

進展のチェック

総合評価：ポジティブ感情

　1. 治療開始以降，全体的な気分は改善しましたか？
　2. ポジティブ感情を以前より**頻繁に**感じていますか？　1日を通して，あるいは1週間を通して，**以前より**ポジティブ感情に気づいていますか？　ポジティブ感情を**以前より強く**感じますか？

総合評価：ネガティブ感情

　3. ネガティブ感情についてはどうですか？

主要な構成要素

第5章 ポジティブへと行動する
　4. 以前より意味のある活動をしていますか？　すでにとり組んでいる活動をあじわうことができていますか？
　5. 1日や1週間を通して，以前よりポジティブ活動を取り入れていますか？

第6章 ポジティブに目を向ける
　6. 「銀の光」に毎日気づいていますか？
　7. うまくいったことに対して，自分を褒めていますか？　褒められたことを否定せずに受け入れていますか？　いくつかのポジティブな出来事は自分の行動によるものだと考えていますか？
　8. 将来の出来事をポジティブに思い描く時間をとっていますか？

第7章 ポジティブを積み重ねる
　9. 自分自身や他者に対して，より思いやりいつくしむ感情を抱いていますか？
　10. 他人の成功や歓喜に喜びを感じますか？
　11. ストレスがあるときでも，毎日感謝の気持ちがわいてきますか？
　12. 他人や自分自身に対して，以前より寛大になれていますか？　週に数回は，ほんのささやかな与えるふるまい（例えば，親切にする，手を差し伸べる，耳を傾ける，助言をするなど）をしていますか？

エクササイズ 8.1「進展のチェック」

　エクササイズ 8.1「進展のチェック」の質問に答えることで，PATを終えられそうか，スキルに戻って練習したほうがよいのか判断しやすくなるでしょう。

　エクササイズ 8.1 の項目1と2に「はい」と回答した場合は，PATは無事終了です。あなたご自身の努力により，ポジティブ感情を頻繁に，さまざまに，強く体験できるようになって，気分が改善されました。次のセクションに進む準備ができています！

　エクササイズ 8.1 で項目1か2のいずれかに「いいえ」と回答した場合は，項目4から12までの回答を確認してください。いずれかのスキルや章に「いいえ」と回答した場合，さらに1〜2週間そのスキルに戻り，学びを深められるか，とり組んでみることが効果的です。2〜3週間経っても改善がみられない場合は，他の治療法について医療従事者に相談するのが最善かもしれません。

モジュール3　PATで得られたこと／再発予防

実践計画

長期目標

　気分は改善されましたね！　今こそ，PATの終結後の目標について考えるときです。何のためにPATをはじめましたか？　なぜ気分を改善したかったのでしょうか？　これらの質問は，PAT後にどのようなステップを踏めばよいかを決めるのに役立つでしょう。例えば，よい親になるためにPATを受けたのであれば，その目標を今後も継続するための具体的なステップを書き出してみましょう。エクササイズ8.2「長期目標」（98ページ）を参照してください。

　ジョイの様子を見てみましょう。

　PATが終了した時点で，ジョイは以前よりもポジティブ感情をより頻繁に，より強く感じていることに気づきました。まだ時々気分の浮き沈みがあると言いつつも，今はそれに対処するための新しい道具を手に入れ，気持ちが落ち込んだり，やる気や興味，喜びがあまり感じられない日にも対処できるようになりました。具体的には，ジョイは感謝を日常的に実践するようになり，毎日の気分をよくしてくれる小さなことにも気づけるようになったと述べています。また，夫や子どもたちとの絆が深まり，1週間を通して以前よりポジティブな活動ができるようになったと報告しています。ランニングを再開し，よりエネルギッシュになりました。仕事でミスをしたときは，銀の光に目を向けます。ポジティブを思い描くことは，彼女が締め切りを守るのに特に役立っています。彼女は瞬間をあじわい，自分のものとするよう心がけています。

　ジョイの「長期目標」の用紙を図8.1に示します。

エクササイズ8.2「長期目標」

　あなたの番です！　エクササイズ8.2を使って，あなた自身の長期目標のリストを完成させてください。ジョイの例のように，学んだスキルの少なくとも1つを，それぞれのステップに入れ込んでください。

学びを維持する

　PATが終わった後も学んだことを維持するには，継続的な実践が必要です。筋トレやダイエットで継続的な運動と健康的な食事が必要なのと同じように，定期的にスキルを実践することは長期的に気分を高めることにつながります。学びを維持する計画を立てることで，長期的な成

第8章　旅を続ける

長期目標

エクササイズの進め方：治療後の目標を少なくとも1～3つ挙げてください。この治療の目的は何でしたか？　なぜ気分を改善したかったのでしょうか？　それぞれの目標を達成するために必要な手段を挙げてください。目標を達成するための手段には，この治療で学んだスキルのうちどれかを挙げてください。

長期目標は……

1. よい親になるために自分のものにする

    ステップ1.　週に1～2回，子どもたちと一緒に楽しい活動をする

    ステップ2.　毎晩，子どもたちについての感謝のリストを作る

    ステップ3.　つらい1日の後に銀の光を見つける

2. 夫との関係を改善する

    ステップ1.　月に1回はデートする

    ステップ2.　夫を思いやりいつくしむことを実践する

    ステップ3.　毎晩，夫についての感謝のリストを作る

3. 再び仕事にとり組む

    ステップ1.　仕事での成功を自分のものにする

    ステップ2.　難しい課題をやりとげることで，熟達度を高める

    ステップ3.　困難な仕事の後に銀の光を見つける

図8.1　ジョイの「長期目標」

功につながります。この計画を立てる際には，ステップを細分化するとよいでしょう。

フェリックスの様子を見てみましょう。

　　　　フェリックスは新しい仕事を見つけました。それを誇りに思い，主体性と努力を自分のものにしようとしています。まだ落ち込む日もありますが，今では気分を改善するためのエクササイズやスキルといった新しい道具を手にしています。思いやりいつくしむことと銀の光を見つける実践がとても気に入ったようで，ほとんど毎日これらのスキルを使っています。銀の光を見つけることで，ゆううつな1日でも，ポジティブな側面に目を向けることができることに気づきました。また，散歩に出かけたり，友人とコーヒーを飲んだり，すきな歌を聴くなど，ポジティブな活動を定期的に計

モジュール3　PATで得られたこと／再発予防

エクササイズ8.2　長期目標

長期目標

エクササイズの進め方：治療後の目標を少なくとも1～3つ挙げてください。この治療の目的は何でしたか？　なぜ気分を改善したかったのでしょうか？　それぞれの目標を達成するために必要な手段を挙げてください。目標を達成するための手段には，この治療で学んだスキルのうちどれかを挙げてください。

長期目標は……

1. _____

    ステップ1.　_____

    ステップ2.　_____

    ステップ3.　_____

2. _____

    ステップ1.　_____

    ステップ2.　_____

    ステップ3.　_____

3. _____

    ステップ1.　_____

    ステップ2.　_____

    ステップ3.　_____

画して楽しんでいます。フェリックスは，そのような瞬間に感謝して，あじわうことを学びました。また，新しいソフトウェアを使って作曲を独学で学んだり，スーパーに買い物に行ったり，掃除をしたりといった簡単な作業をこなすなど，熟達感を高める活動も実践しています。今では定期的に友人に声をかけたり，近所の人に手助けを申し出たりしています。

　この進展を維持するために，彼はどのようなステップを踏むのでしょうか？　図8.2はフェリックスが記入した「学びを維持する」用紙です。

第8章　旅を続ける

学びを維持する

エクササイズの進め方：それぞれの質問に答えてください。「ポジティブへと行動する」「ポジティブに目を向ける」「ポジティブを積み重ねる」のスキルを通して治療で学んだことを維持する方法を挙げてください。

「ポジティブへと行動する」を通して学んだことをどう実践していきますか？

1.　週に2回，友人に連絡する

2.　毎週最低，1時間は仕事に応募するために使う

3.　毎日最低，20分は屋外で過ごす

「ポジティブに目を向ける」を通して学んだことをどう実践していきますか？

1.　困難な1日の後に銀の光を見つける

2.　物事がうまくいったときには，自分のものにする

3.　友人と関わる前に，ポジティブを思い描く

「ポジティブを積み重ねる」を通して学んだことをどう実践していきますか？

1.　家族についての感謝のリストを作る

2.　地元でボランティア活動をする

3.　自分を思いやりいつくしむことを実践する

図 8.2　フェリックスの「学びを維持する」

エクササイズ 8.3「学びを維持する」

　　エクササイズ 8.3「学びを維持する」を使って，すでに学んだことを維持するために何をするかを明らかにしてください。

壁を乗り越えて実践を続けていく

　心理療法の後も実践を続けることで再発のリスクが低下するという研究結果があります。運転免許を取得した直後に運転をやめたらどうなるか想像してみてください。おそらく運転技能の一部を失ってしまうでしょう。行動と思考のスキルも同様で，運転と同じように，自然に身につけていくには実践を続ける必要があります。困難な状況が起こることを想定しておいてく

モジュール3　PATで得られたこと／再発予防

エクササイズ8.3　学びを維持する

学びを維持する

エクササイズの進め方： それぞれの質問に答えてください。「ポジティブへと行動する」「ポジティブに目を向ける」「ポジティブを積み重ねる」のスキルを通して治療で学んだことを維持する方法を挙げてください。

「ポジティブへと行動する」を通して学んだことをどう実践していきますか？

1. _____

2. _____

3. _____

「ポジティブに目を向ける」を通して学んだことをどう実践していきますか？

1. _____

2. _____

3. _____

「ポジティブを積み重ねる」を通して学んだことをどう実践していきますか？

1. _____

2. _____

3. _____

ください。あなたの車の前を子どもが不意に横切ったとします。日常的に運転していれば，そうでない場合よりも容易に対応できるでしょう。同様に，PATが終わった後もスキルを使い続ければ，生活上の困難や自然な気分の変動に対処しやすくなります。

前進していくためには……

- 今後，スキルを実践していくうえで，何がさまたげになると思いますか？
- 何につまずくと思いますか？
- よりむずかしいスキルはどれですか？
- どのようなストレスが，どのスキルの実践をむずかしくしますか？

エクササイズ8.4「壁を乗り越えていく」は，これらの質問にとり組むうえで役立ちます。図8.3はジョイが記入した例です。

第8章　旅を続ける

壁を乗り越えていく

エクササイズの進め方：長期目標を達成するうえで壁となる可能性のあるものを挙げてください。
その壁を回避するためにとることのできる対策を1〜3つ挙げてください。

壁は……

1. 仕事が忙しくなること

    ステップ1.　週に1回はスキルを見直す時間を作る

    ステップ2.　週に2つ以上のポジティブな活動を予定する

    ステップ3.　朝5分間，銀の光を見つける

2. ストレスの多い1週間を過ごした後，気分が落ち込む

    ステップ1.　1日に1回ポジティブな活動を予定する

    ステップ2.　家族についての感謝のリストに記入する

    ステップ3.　仕事の成果を自分のものにする

3. 家族のことでストレスがたまる

    ステップ1.　週に2つ以上のポジティブな活動を予定する

    ステップ2.　毎週5分間，自分を思いやりいつくしむことを実践する

    ステップ3.　家族の行事の前に，ポジティブを思い描く

図8.3　ジョイの「壁を乗り越えていく」

エクササイズ 8.4「壁を乗り越えていく」

　次はあなたの番です！　エクササイズ8.4「壁を乗り越えていく」を使って，壁になりそうなものをできるだけ多く挙げてください。スペースが足りない場合は，用紙を本書からコピーするか，ウェブサイトからダウンロードしてください。次に，各壁を乗り越えるためにできる対策を1〜3つ挙げてください。例えば，1日の中で定期的に実践する時間を確保する，スマートフォンにリマインダーを設定する，1週間か1か月に1回ワークブックをふり返る，むずかしいスキルはワークブックに書いて実践し続ける，などです。

モジュール3　PATで得られたこと／再発予防

エクササイズ8.4　壁を乗り越えていく

壁を乗り越えていく

エクササイズの進め方：長期目標を達成するうえで壁となる可能性のあるものを挙げてください。その壁を回避するためにとることのできる対策を1〜3つ挙げてください。

壁は……

1. ＿＿＿＿＿＿＿＿＿＿＿＿＿＿＿＿＿＿＿＿＿＿＿＿＿＿＿＿＿＿＿＿＿＿

　　　ステップ1.　＿＿＿＿＿＿＿＿＿＿＿＿＿＿＿＿＿＿＿＿＿＿＿＿＿＿

　　　ステップ2.　＿＿＿＿＿＿＿＿＿＿＿＿＿＿＿＿＿＿＿＿＿＿＿＿＿＿

　　　ステップ3.　＿＿＿＿＿＿＿＿＿＿＿＿＿＿＿＿＿＿＿＿＿＿＿＿＿＿

2. ＿＿＿＿＿＿＿＿＿＿＿＿＿＿＿＿＿＿＿＿＿＿＿＿＿＿＿＿＿＿＿＿＿＿

　　　ステップ1.　＿＿＿＿＿＿＿＿＿＿＿＿＿＿＿＿＿＿＿＿＿＿＿＿＿＿

　　　ステップ2.　＿＿＿＿＿＿＿＿＿＿＿＿＿＿＿＿＿＿＿＿＿＿＿＿＿＿

　　　ステップ3.　＿＿＿＿＿＿＿＿＿＿＿＿＿＿＿＿＿＿＿＿＿＿＿＿＿＿

3. ＿＿＿＿＿＿＿＿＿＿＿＿＿＿＿＿＿＿＿＿＿＿＿＿＿＿＿＿＿＿＿＿＿＿

　　　ステップ1.　＿＿＿＿＿＿＿＿＿＿＿＿＿＿＿＿＿＿＿＿＿＿＿＿＿＿

　　　ステップ2.　＿＿＿＿＿＿＿＿＿＿＿＿＿＿＿＿＿＿＿＿＿＿＿＿＿＿

　　　ステップ3.　＿＿＿＿＿＿＿＿＿＿＿＿＿＿＿＿＿＿＿＿＿＿＿＿＿＿

再燃と再発の違い

　行動を変え，新しい習慣を身につけるのはむずかしいものです。特に古い習慣を何年も続けていて，すっかり身についている場合はなおさらです。特にストレスの多い時期には，古い習慣に戻ってしまう瞬間があると思っておいてください。このような脱線を「再燃」と呼びます。これが起こるのは想定内で，問題ありません。失敗の兆候でも，心配の種でもありません。このような再燃に気づいた場合は，自らをいつくしみ，再燃であることを認識し，スキルを実践し続けることで一歩前進することをおすすめします。スキルを実践し続けることは，学んだことを維持するために不可欠です。

　再燃は再発とは異なります。再燃は短期間ですが，再発は数日から数週間にわたります。再発とは，PATをはじめる前の状態に戻ることです。この章のエクササイズを使うことは，再発を防ぐのに役立ちます。

102

「長期目標」（エクササイズ 8.2），「学びを維持する」（エクササイズ 8.3），「壁を乗り越えていく」（エクササイズ 8.4）を定期的に見直し，再燃ではなく再発かもしれないと思ったら，医療従事者に相談してください。

　PATを終えることに不安を感じても，それはごく自然なことです。このワークブックのエクササイズを定期的に見返してください。https://www.kitaohji.com/news/n59473.html からエクササイズ用紙をダウンロードして，必要に応じて見直せるように定期的に取り出せる場所に置いておきましょう。覚えておいてください，あなたの努力によってこのPATを成功させたのです。つまり，ここまでできたのだから，あなたはこれからも学んだことを実践し続けられるということです。この最後のセッションでは，**自分のものとする**を実践して学んだことを明確にし，**ポジティブを思い描く**を実践してポジティブな未来を思い描くようにするとよいでしょう。

追加の専門支援を求めるタイミング

　PATは，アンヘドニア・うつ・ストレス・不安を抱える人において，ポジティブ感情を高め，ネガティブ感情を減らすことが示されています。また，自殺行動も減少させます。もう二度とそのような症状が起こらないことを願うのは当然です。「私はもう治ったのだろうか」と自問する人もいるかもしれませんが，これは答えを出すのがむずかしい問いです。感情症は再発することが研究で明らかになっています。例えば，うつ病はエピソード性の障害です。つまり，うつ病にかかってもしっかりと回復でき，長い間元気で過ごすことができます。しかし中には，人生のある時点で別のエピソードを経験する人もいます。先にも述べたように，PATのスキルを習得し，応用できるようになったのですから，もう卒業して1人でそのスキルを使い続けることができます。他の新しく学んだスキルもそうですが，そのとり組みが終わったわけではなく，はじまったばかりだということを心に留めておくことが大切です。新しい言語を学んでも資格をとっただけで一度も使わなかったり，運転免許を取得しても二度と運転しなかったりすると想像してみてください。せっかくのスキルも忘れてしまい，いざというときに使えません。

　また，PATを終えた後は困難な時期がやってくることを想定しておきましょう。ポジティブ感情を高め，ネガティブ感情を減らすのに最も役立ったスキルを実践し続けていれば，そのような事態に対処する準備は整っているはずです。

　しかし，スキルを使うだけでは十分でないこともあります。このような場合，追加の専門的な支援が必要になるかもしれません。セラピストと一緒にとり組むのであれば，ブースターセッションが役立つでしょう。軌道修正するには1～2回のセッションで十分かもしれません。自分自身でとり組む場合は，エビデンスに基づいた心理療法ができる専門家に助けを求めるのもよいでしょう。本章の最後に，関連資料を載せています。あるいは，医療従事者の指導のもとで薬物療法を試したり，薬物療法と心理療法を併用したりすることもできます。

　完全に悪化するまで待つ必要はありません。悪化の誘因や兆候に気をつけましょう。ポジティブ感情を評定する日記をつけるのも1つの方法です。感情症はとても治療効果が高い疾患であり，他の疾患と同様，早期に治療すればするほど回復が早くなることを覚えておいてください。

最後の励ましの言葉

　おめでとうございます！　あなたは今，PATをやりとげました。各スキルを習得しただけでなく，今後あり得そうな壁を特定し，解決策を立てました。あなたは自分自身のセラピストになったのです。これは真の成功の証です。

　PATのスキルを提供させていただいたことに，感謝しています。このスキルは，私たちがあなたのお役に立てたらと，純粋に願うものです。あなたは今，スキルが詰まった道具箱を手にしています。PATにとり組んでいる間，ポジティブ感情を高めるために努力してきました。この瞬間を自分のものとして味わってください！　ポジティブな活動やプレゼントなど，自分にご褒美をあげ，前途に心を配りましょう。ゆううつな日もあるでしょうが，そのようなときこそ銀の光を見つけ，思考・行動・身体感覚を変えるという継続的な実践を通して，自分の状況を理解し，改善できることを忘れないでください。これからの旅が最高のものになりますように！

うつ病や不安症の人のための関連資料

　アメリカ心理学会：APAは，アメリカの心理学者を代表する専門的かつ科学的な組織です。APAは，研究者，教育者，臨床医，コンサルタント，学生などの心理学者に情報を提供しています。さらに，APAにはサイコロジーヘルプセンターがあり，日々の身体的・精神的な健康に関連する情報や記事を一般向けに提供しています。
https://www.apa.org/helpcenter

　アメリカ不安・うつ学会：ADAAは，不安症，うつ病，強迫症，および関連症の予防と治療にとり組む非営利団体です。ADAAは，不安症やうつ病に対するエビデンスに基づいた介入について詳しく知りたい人のために情報を提供し，セラピスト探しの助けとなる情報を提供しています。
https://adaa.org/

　アメリカ行動療法・認知療法学会：ABCTは，エビデンスに基づいた認知，行動，生物学的原則を活用し，メンタルヘルスを改善することを目的とした組織です。
https://abct.org/Home
ABCTはまた，郵便番号，州，専門分野，保険情報に基づいて認知行動療法を専門とするセラピストを探す人向けに情報を提供しています。
https://www.findcbt.org/FAT/

索　引

●あ

あじわう（liking）　4, 6, 14
与える（generosity）　17, 70, 71, 82
アンヘドニア　4, 14
アンヘドニアの欠損　8

●い

1日の早い時間に行う　21
イメージ　86
イライラ　2

●う

上向きスパイラル　28
ウェルビーイング　17, 70, 78
うつ病　3, 11

●え

エビデンス　9

●お

落ち込み　2
思いやりいつくしむ（loving-kindness）　17,
　　70, 71

●か

科学知見　8
書くこと　21
壁を乗り越えていく　101
感謝する（gratitude）　17, 70, 78
感情　24
感情サイクル　16, 24, 35, 54
感情症　9
感情の3要素　26
感情を言葉にする　16, 29
慣性の第一法則　35

●き

気分の小さな改善　20

●け

脅威　5
強迫症　9, 10
恐怖心　20
興味　6
筋肉　55, 68
銀の光を見つける　16, 55, 56, 78

●こ

行動　24
行動スキル　19
行動のスキルセット　16
行動力　6
行動を変えること　35
心のトレーニング　55

●さ

再燃　18
再燃と再発の違い　102
再発　18
三要素　24

●し

視覚化　86
視覚化スクリプト　66
思考　24
思考・行動・身体感覚　24
思考のスキル　16
自殺傾向　9
自殺念慮　12, 14
持続性抑うつ症　11
下向きスパイラル　28
実行機能　7
実践練習　18
自分のものにする　16, 55
社交不安症　9, 10
熟達感　5

105

熟達感をもつことでポジティブを感じることが
　　できる活動リスト　41
瞬間をあじわう　50
神経系の活性化　7
身体感覚　24, 26
心的外傷後ストレス症　9, 10
進展のチェック　94, 95

●す

推奨されるスケジュール　22, 23
スキル　15
スキルセット　15, 16, 54
ステップを細分化　97

●せ

全般不安症　9, 10
全部ひっくるめて実践する　90

●そ

そうなるまで，そのふりをしてみよう　34
その瞬間にいる　50

●た

旅を続ける　17
誰かの幸せを喜ぶ（appreciating joy）　17, 70, 86

●ち

長期目標　96

●つ

追加の専門支援を求めるタイミング　103

●と

動機づけ　6, 20
トラウマ　61
トラウマティックな出来事　61
どんな雲にも銀の裏地がある　56

●に

認知行動アプローチ　9
認知行動療法　9

●ね

ネガティブ感情　4
ネガティブ感情システム　5

●の

脳　55

●は

罰　5
PATとの相性チェック　12
PATをはじめるタイミングチェック　14
パニック症　9, 10
反すう　3

●ひ

日々の活動とポジティブ感情の記録　37

●ふ

服用　18

●ほ

報酬系　4, 8
ホームワーク　19, 21
ポジティブ感情システム　4
ポジティブ感情ダイヤル　29
ポジティブ感情トリートメント（Positive Affect
　　Treatment: PAT; パット）　3, 9
ポジティブ感情の持続的な低さ　4
ポジティブな活動の計画　44, 45, 46, 47, 48
ポジティブな活動マイリスト　39
ポジティブな活動リスト　39, 40
ポジティブな活動を実践する　44
ポジティブな筋力　57
ポジティブな結果をイメージして思い描く力　54
ポジティブに目を向ける　16, 55
ポジティブへと行動する　16, 34
ポジティブへの行動　39
ポジティブを思い浮かべるための視覚化スクリ
　　プト　67
ポジティブを思い描く　16, 55, 64
ポジティブを積み重ねる　17

●ま

マインドフルになる　50
学びを維持する　96
まなぶ（learning）　5, 7, 15

●も

モジュール　14
もとめる（wanting）　4, 6, 14
モニタリング　35

●よ

抑うつ症群　11

●ら

ラベリングする　16, 29
ランダム化比較試験　9

●れ

練習　19, 21, 55

著者・訳者紹介

著者

アリシア・E・ミューレ（Alicia E. Meuret）
ハリーナ・J・ドゥール（Halina J. Dour）
アマンダ・G・ロエリンク・ギニアード（Amanda G. Loerinc Guinyard）
ミシェル・G・クラスク（Michelle G. Craske）

訳者

[監訳者]
鈴木伸一（すずき　しんいち）
早稲田大学人間科学学術院　教授

伊藤正哉（いとう　まさや）【第2章，第3章】
国立精神・神経医療研究センター認知行動療法センター　研究開発部長

[分担訳者]
国里愛彦（くにさと　よしひこ）【第1章】
専修大学人間科学部　教授

笹川智子（ささがわ　さとこ）【第4章】
目白大学心理学部　准教授

横山知加（よこやま　ちか）【第5章】
国立精神神経・医療研究センター認知行動療法センター　特別研究員

菅原大地（すがわら　だいち）【第6章】
筑波大学人間系　准教授

畑　琴音（はた　ことね）【第7章】
早稲田大学人間科学学術院　助教

平山貴敏（ひらやま　たかとし）【第8章】
こころサポートクリニック　院長

**不安とうつへの
ポジティブ感情トリートメント【ワークブック】**

2025 年 1 月 31 日　初版第 1 刷発行

著　者	A．E．ミューレ H．J．ドゥール A．G．L．ギニアード M．G．クラスク
監訳者	鈴　木　伸　一 伊　藤　正　哉
発行所	㈱北大路書房

〒603-8303　京都市北区紫野十二坊町12-8
電話代表　　（075）431-0361
Ｆ Ａ Ｘ　　（075）431-9393
振替口座　　01050-4-2083

ⓒ 2025
装丁／上瀬奈緒子（綴水社）
印刷・製本／（株）太洋社
落丁・乱丁本はお取り替えいたします。
定価はカバーに表示してあります。

Printed in Japan
ISBN978-4-7628-3273-4

JCOPY 〈㈳出版者著作権管理機構 委託出版物〉
本書の無断複写は著作権法上での例外を除き禁じられています。複写される場合は,
そのつど事前に,㈳出版者著作権管理機構（電話 03-5244-5088,ＦＡＸ 03-5244-5089,
e-mail: info@jcopy.or.jp）の許諾を得てください。

北大路書房の好評関連書

不安とうつへの
ポジティブ感情トリートメント
セラピストガイド

M. G. クラスクほか　著
鈴木伸一・伊藤正哉　監訳

A5判・216頁・本体3,800円+税
ISBN：978-4-7628-3272-7　C3011

ポジティブ感情トリートメント（PAT）は，うつや不安を抱える人が物事に取り組む意欲を回復して人生の楽しさや喜びを見出せるようになる，実証に基づくアプローチ。セラピストガイドでは，このアプローチの構成や基本原則，行動科学・神経科学の基礎理論，クライエントとともに取り組む実践の要点などについて手引きする。

がん患者の認知行動療法
メンタルケアと生活支援のための実践ガイド

S. ムーリー ＆ S. グリア　著
鈴木伸一　監訳

A5判・292頁・本体3,600円+税
ISBN：978-4-7628-2921-5　C3011

不安や抑うつ，怒りや悲しみの軽減だけではなく，患者が本来もっている「健康的な側面」や「将来に対する前向きな態度」をもう一度活性化させるためにはどうすればよいのか，体系的に解説。患者の成育歴・社会的背景を考慮したセラピーの展開方法や，進行・終末期患者への適用，遺族へのアプローチなど，実践的な内容も網羅。

鬱は伝染る。
最もありふれた精神疾患は，どのように蔓延ったのか，どうすれば食い止められるのか

マイケル・D・ヤプコ　著
福井義一　監訳　定政由里子　訳

A5判・352頁・本体3,600円+税
ISBN：978-4-7628-3114-0　C3011

薬による治療は最善か。抑うつの社会的文脈に焦点を当て，自己否定的でストレスにつながる洞察や行動のパターンを変えることが根本的な回復や感染予防になると説く。ブリーフセラピーの知見を背景に，うまく生きるための社会的スキルが身につく「実践的エクササイズ」を豊富に提供し，適切な「ふり返り」「行動」を目指す。

フォーカシング・ハンドブック

日笠摩子　監修
高瀬健一　編著

A5判・256頁・本体3,600円+税
ISBN：978-4-7628-3270-3　C3011

フォーカシングの最新の理論や実践方法を収めた入門手引書，待望の発刊！　基礎知識・体験過程・背景理論の解説とあわせて，読者自らフォーカシングを体験できるワークや，セラピストと一緒に取り組む「フォーカシング指向心理療法」をガイド。初学者から臨床家まで関心をもつ人すべてが幅広く活用できる決定版。

（税抜価格で表示しております）